高职旅游专业
教学改革研究与实践

王宁 著

吉林文史出版社

图书在版编目（CIP）数据

高职旅游专业教学改革研究与实践 / 王宁著. --
长春：吉林文史出版社，2022.10
ISBN 978-7-5472-8941-9

Ⅰ．①高… Ⅱ．①王… Ⅲ．①高等职业教育－旅游业
－教学改革－研究－中国 Ⅳ．①F590

中国版本图书馆CIP数据核字(2022)第207004号

高职旅游专业教学改革研究与实践
GAOZHI LÜYOU ZHUANYE JIAOXUE GAIGE YANJIU YU SHIJIAN

著　　者　王　宁
责任编辑　程　明
封面设计　百悦兰棠 [BAIYUE LANTANG]
出版发行　吉林文史出版社有限责任公司
地　　址　长春市福祉大路5788号
邮　　编　130117
网　　址　www.jlws.com.cn
开　　本　170mm×240mm　1/16
印　　张　10.25
字　　数　135千字
印　　刷　廊坊市海涛印刷有限公司
版　　次　2023年1月第1版　2023年1月第1次印刷
书　　号　ISBN 978-7-5472-8941-9
定　　价　68.00元

旅游是大众非常喜欢的一种活动，它不仅能让旅游者了解一个地方的历史和特色，也能让其欣赏不同地域的美景，缓解情绪和压力。伴随着物质生活水平的提高，人们对旅游品质的需求也日益增加。因此，这就对旅游管理专业的教学方法提出了更高的要求，高职旅游院校在教授专业知识的同时，还应增加一些实用的教学方法。高职旅游管理专业在我国旅游管理专业中独树一帜，我们只有认识它的特色，才能找出更好的方法来加强它的实践体系。

旅游业飞速发展，已经成为我国经济发展的重要产业。同时，旅游业的飞速发展也极大地推动着旅游教育。目前，我国的旅游教育已经有了相当的规模，高职生占一定比重。高职院校就是把培养学生的职业技能作为教学目标，在教学过程中，教师更要注重对学生所学知识的理解和专业技能的掌握。旅游管理是一种比较特殊的专业，它在实践过程中，需要不断地运用所学的理论知识；它更具有极大的灵活性，考验其实际操作能力和应变能力。因此，高等职业院校在制定旅游管理专业教学内容时，应注重理论与实践相结合的教学方法，使学生能够较早地认识到它的重要性，并提高其学习积极性和主动性。高等职业院校旅游管理专业的特点是以能力为中心，以就业为导向，以培养学生实际操作能力为基础的教育系统；培养全面发展的高素质人才，具有一定的旅游管理理论基础，并具有一定的外语沟通能力、计算机应用能力、营销策划能力、综合职业素养等。本书对高职旅游专业进行了系统的分析与研究，探索教学改革在旅游职业教学过程中的实际应用，并对目前该专业教学方法进行创新。本书提出了部分具有建设性的建议和意见，对于高职旅游专业教育的发展与推进具有十分重要的现实意义和理论价值。由于时间、水平有限，书中难免有疏漏之处，恳请广大读者批评指正。

目 录
CONTENTS

第一章　高职旅游教育的改革

第一节　高职院校教学管理工作

当前，随着我国各方面改革的深入，对高职院校的管理也提出了新的要求。高职院校必须认真研究学校教育管理工作，不断改革创新存在的问题，确保教育管理工作达到更高的水平。

一、对高职院校教育管理有新认识

（一）高职院校教育管理中的新问题

近年来，我国高等职业教育发展非常迅速，它的快速发展不仅促进了中国社会经济的快速发展，也促进了中国教育的发展。我们必须看到，它的快速发展注定要面临一些新的挑战，比如如何解决教育管理中存在的问题。

（1）信息技术在高职院校管理中的广泛应用，带来了新的管理问题。现代信息技术应用在教育管理中可以加快信息的传输，改善我们的教育环境，学生可以在任何地方轻松学习。信息技术使人们可以随时轻松获取学术信息。学生和教师利用信息技术获取和交换教材，借助计算机和宽带互联网的视频和音频进行查证和学习，这打破了获取信息的界限。教师还可以通过电子邮件或校园教育论坛向学生分配任务，加快信息的传递和传播。高职院校的管理者可以通过管理系统轻松地传递信息，教师和学生也可以通过计算机和移动应用程序轻松获取信息。此外，信息技术还可以帮助学生、教师分组学习。过去，我们经常在学校进行小组讨论，并要求每位成员积极参与，但是害羞的学生往往想要远离这些活动，因为他们害怕在群体中表达自己。如今，由于信息技术的加持，学校可以设立学术论坛，让学生大胆表达自己的观点，也可以通过视频和文字聊天提出自己的观点或建议。所以，信息技术可以提高学校的教学效率和质量。但是，信息技术应用在高职院校中，存在管理人员信息管理能力不足等问题。高职院校必须认真分析这一新问题，采取合理的解决方法，加快教学管理信息化的全面建设。只有这样，高职院校才能真正实现教学管理的信息化、数字化。

（2）教师队伍构成的多样化增加了督导的难度。近年来，高职院校的规模不断扩大，因此对教师队伍的需求也不断增加。一个团队最好的状态不是它的成员相似、雷同，而是他们能够兼容、互补并配合默契。这就是为什么一群想法和工作相似的人在一起最终可能会失败；而一个由不同个体组成的"梦之队"可能会非常成功。因此，高职院校要想办好，就必须拥有一支"能教、会教、能融合"的教学精英团队。高职院校除了聘请双师资教师开展一线教学外，还需要聘请行业（企业）权威专家和高级专业技术人员在院校任教。在专业技术带头人的推动下，以资深教师为重点，"双师素养"教师为主体，外聘教师为补充，构建一支合理、专业的教师团队。因此，高职院校的教师队伍构成呈现出多样化的发展趋势。在学校，不仅有正式的老师，也有非正式的老师或兼职的老师（主要是相关专业的社会、企业专家）。拥有不同身份的教师对学校的教学计划了解程度不同，对学校文化的认知程度以及对教育的责任感有一定的差异。这种差异反映在实际的日常教学管理过程中，也增加了学校管理的难度。

（3）学生的素养也对教学管理提出了新的要求。近年来，随着高职院校的快速发展，其规模也逐渐扩大，随之引起了高职院校学生素养的变化。不仅增加了课堂管理的难度，同时也是教育管理需要面对的问题。

（4）课程类型的复杂化、跨专业化，显然对传统的课堂教学管理机制提出了挑战。越来越多的学科间合作和不同领域信息的合作共享，以及为全球问题寻找务实解决方案的努力，对教育产生了进一步的影响。综合的、跨学科的课程将各种学习科目联系起来，因为它们与综合课程单元的主题相关。综合课程单元是由学生和老师一起选择的，涉及为共同目标而合作的学生团队。课程内容是专业建设的关键。课题研究是提高教学效果的重要环节，是广泛开展教育改革的基础，是提升教学质量的基本保障。随着院校不断扩招，使得专业不断增加，专业群体不断扩大。针对高职这一特点，高职院校在设置专业方面，应该进行详细的专业调查，进而积极、稳定地推动教学内容与课程模式的改革。除此以外，学校与企业之间应该加强合作力度，将培养重点放在学生的职业技能上。根据对校企合作委员会的岗位（组）专业能力进行分析，不断调整课程内容和课程结构，构建科学的课程体系。职业群体的扩大、专业数量的增加，以及不断推进的课程改革，使得课程门类不断增多，课程类型也出现了差异性、独特性、复杂性、多样性等特征。各类课程对教学管理提出了不同的要求，理论性与实践性相结合的管理要求也不同，生产实践与教学实习之间也存在差异。这种复杂、多样的课程类型，需要我们仔细分析复其给教学管理带来的新要求，并采取正确的方法和措施以应对挑战，这样才能保证教学管理的顺利进行。当今世界的快速变化和日益增加的复杂性对我们的教育系统提出了新的挑战和要求。人们逐渐意识到，在不断变化和高要求的环境中，有必要改变和提高学生的生产能力。面对这一挑战，有必要考虑教育系统本身的复杂性和必须解决的众多问题。显然，没有一种简单、单一的方法可以应用于预期会发生重大改进的系统。

（二）对高职院校教学管理工作应有新的认识

高职教育迅速发展所带来的变革，要求我们必须对高职院校的教学管理有一个全新认识。

首先，高职院校的教学管理不能只局限于日常教学，而应该将新的教育理念融入教学管理之中。现行的教学管理模式下，为了确保教学工作的正常开展，将教学管理的重点放在了日常教学上。但是，传统的教学管理模式已不适应高职教育的需求。高职教育要发展，必须坚持走有特色的管理模式。高职教育必须具备专业的、地域的、先进的教学理念。这说明，高职院校必须对教学理念不断地进行特色创新，这对提高教学质量、提高人才素质、促进人才培养具有重要的意义。高等职业院校的教学管理不能局限于常规教学管理，而是要体现新的教学管理理念。唯有将这种创新观念体现到教学管理中，教师才能更好地掌握更加先进的、科学的教学观念，培养更适应社会发展需要的技术型、复合型、创新型人才。

其次，高职院校的管理工作应推动教学模式的改革与创新，将其作为教学管理的重要内容。教学管理是以特定的教育思想、教学理论为指导，建立起相对稳定的教育活动结构框架和活动程序。教学管理有利于教育活动，教务改革有利于教育改革。在高职教育发展的过程中，传统的教学管理方式已经不能适应我国对于高科技、高技能人才的需求，必须推进精英教育的改革与创新。我们应改革创新教学管理模式，实现各类教育资源的最佳组合，充分利用各类教育资源的优势。通过改革创新教育模式，更好地调动教师的主动性与积极性，更好地发挥其主导作用。同时，通过教育模式的改革与创新，也能调动学生的学习热情，更好地体现学生的主体性，促进学生综合素质的提高。

最后，加强对综合教学评估体系的完善工作。综合性评估体系是教育管理的重要组成部分。一个全面的教学评估体系能准确地反映教师的工作成果，激发教师的热情，促进教学质量的提高。而综合评估体系又是教师最为关注的问题，这对于绩效评估、职业评估都非常重要。然而，目前，大部分的高职教学评估体系并不符合要求，无法精确地反映教师的教学表现。高职院校应该积极建立、完善、提升第三方综合评估体系，强化专业能力、独立性、客观性，对教师绩效进行客观、科学的评估。同时，在绩效薪酬、教学成绩等方面进行综合考虑，积极调动教师的工作积极性，促进教育质量的提高。

二、高职院校教学管理应把制度管理与人文关怀结合起来

马克思所强调的科学发展观和人本思想，强调"以人为中心"，需要体现人文关怀。作为教育的一部分，人文关怀也是高职教育的主要工作内容。高职教育必须将制度管理与人文关怀相结合，并在管理中体现出对师生的人文关怀。只有将人文关怀融入制度管理过程中，才能更好地体现教学管理的作用，具体措施如下。

首先，要完善教学管理体系，在该体系中应该充分突出对师生的人文关怀。高等职业教育教学管理体系是教学管理的基础，在高职教学管理实践中，也需要将人文关怀与情感关怀融入教学管理中。高等职业院校应根据教学规律，在教学管理中体现出对师生的人文关怀，在教学管理中体现出科学发展观、以人为本的要求。

其次，要将思想政治与教学管理工作相结合。在高职院校中，学生和教师是教学管理的主要工作对象，如果不考虑师生思想问题，教学管理就难以取得良好的成效。与此同时，要落实培养什么人、怎样培养人，以及为谁培养这一历史任务，要体现国家意志。为此，在具体的教学管理过程中，学校应将思想政治与教学管理工作相结合，将"育人"放在首要位置上。解决好师生双方的思想问题，不仅能激发教师的教学积极性，也能激发学生的学习热情，使师生自觉遵守校内各项规章制度，为正常的教学管理打下良好的基础。

最后，正确处理好教师奖惩关系。在日常的教学管理中，高职院校一定会对教师的教学表现进行评价、奖惩，具体措施如下：一是要加强教师师德建设，在具体的考核过程中应该加强师德方面的考核；二是对认真遵守校规、工作责任心强、教书育人、有理想信念、有道德情操、有扎实学识、有仁爱之心的教师给予精神和物质上的嘉奖。如果没有奖励和必要的惩罚，教学管理系统就不能真正遵守，也不能维持正常的教学秩序。但是，在具体的教学管理中，

要处理好教师奖惩关系，对教学成绩优秀的教师，要给予表扬和奖励，使所有教师都有更大的作为；三是教师违反教学纪律，发生教学事故，应给予相应的处罚。但是，对于老师的处分必须谨慎，则通过劝说教育来解决，如果能不必处分。

三、高职院校教学管理应不断进行创新完善

教学管理要想取得实效，高职院校就必须根据学校对人才培养目标的要求，根据形势的变化不断创新和完善。根据目前高职教育教学的实际情况，高等院业学校教学管理的改革与完善，具体措施如下。

首先，不断改革和改进高职教育管理制度。高职院校需要注重创新和创业教育。在人才培养过程中，高职院校应该结合创业创新教育，改善学分体系，促进教师教学方法的革新。为了满足高职院校改革和发展的需要，学校对教职工的管理系统必须与时俱进。高等职业教育必须始终坚持创新思想，完善教育管理体系。通过改进具有创新思想的教育管理系统，可以反映创新和创业精神的要求，促进学生创新和创业能力的提高，培养一批高质量、创新型的人才。

其次，高职院校教学管理模式的创新。随着创新驱动成为我国经济和社会发展的根本动力源，培养新型技术和技能人才，已经成为经济社会发展对高等职业教育人才培养目标的新要求。为了满足对经济社会发展人才培养目标的新要求，必须不断革新高职教育的教学管理模式。

最后，以"创新思想"改进教育评估系统。在教师管理过程中，高职教学管理工作不仅要用创新的理念去完善教学管理体制，创新教学管理模式，还要在思想上不断创新，完善教学评估体系。对教师教学效果的评估，不仅要体现学生对理论、知识、技能的理解和掌握程度，还要体现对学生创造性思维的培养，提高学生的创新能力；对教师的指导态度的评估，不仅可以评估教师的指导程度，还可以评估教师的指导态度，也可以评估教师是否革新创意和教学方

法。建立和改善学生的授课评估、指导者的评估、对等的授课评估、社会评估的综合评估系统。高职院校应该采取第三方评估机制，以创业意识、创新精神真正培养多维创新创业人才，为产业转型升级和创新发展提供人才支持。

四、高职院校教学管理需要处理好一级管理和二级管理之间的关系

近年来，伴随着高职院校的快速发展，其规模也在不断扩大。随着高等专科学校规模的不断扩大，许多高职院校采取了"二级管理"模式。在该模式下，学校的教学管理需要正确处理一级管理和二级管理的关系，具体措施如下。

首先，要明确一级管理与二级管理之间的权力分工问题。在实施二级管理过程中，必然涉及一级管理与二级管理的权责划分。作为学校一级管理部门，高职院校教务处需明确管理权限有哪些，具体承担何种管理工作等问题；对于二级管理在教学管理中的权力和承担的具体管理工作也要作清楚划分。若一级管理与二级管理的权责划分不明确，将会出现一些重复管理、无人管理等问题，使得整个教学管理体系产生混乱，影响到学院的正常教学。只有一级管理与二级管理权明确划分权责，才能真正形成更高效、更科学、更标准的教育管理系统，各级管理部门也能更有效地承担相应的义务和责任。

其次，要适时转移高职院校教学层面的管理重点。在两级管理模式下，学院教务管理的重心适时转移，由先前的教学日常管理转向三个方向，即由日常教学管理转向制定完善教学管理制度；从日常教学管理转向对二级学院（系）教学管理：由教学管理转向教务管理。高职院校教务管理的重点要随其形式的改变而及时发生转变，才能使学院教学管理部门把更多的时间和精力放在教学管理体系的制定、教学管理的研究上，从而更好地指导二级学院（系）的教学管理，从而推动院校整体教学管理水平的提高。

最后，要规范二级学院（系）日常教学管理。高等职业教育院系二级管理

作为对高等职业院校教学管理模式的探索，在推进过程中，往往会出现不规范的问题。例如，课程安排的调整、教师的劳动计算、教师的授课管理、学生的实践、训练的管理等。这些问题都会影响整体的教育质量。二级管理工作中出现的不规范现象将直接影响教学的正常开展，进而影响整个教学质量的提升。二级管理必须在学院教务处的指导下，按照学院制定的教学管理制度，规范日常教学工作。对二级学院（系）进行规范的日常管理，以保证教学正常运转，提高二级学院（系）的教学质量。

第二节　新时代职业院校培养目标变化及定位

21 世纪以来，高职教育进一步向教育的最前沿转变。大学毕业生的专业素质与技术能力是国家、社会、行业所需要的。传统教育理念对学生成长与才智教育有较大影响。高职院校既有对成长、才智、思想教育重要性的研究，又有对时代的要求、个性特点、学生个性、正确性等方面的研究。高职教育对成长与才能的全面认识和科学意义的掌握，对于新时期实施更高层面的职业教育非常重要。努力让学生健康成长，真正地成为建设社会的一分子，是新时代职业院校义不容辞的责任。

一、新时代学生成长成才新要求

（一）新时代"人才"概念

什么是"人才"？在三百六十行中，没有标准答案。虽然人才的内涵并不固定，但是基本的共识如下：一是人才具有狭义的广泛性。这里所指的人才主要是指在各个行业中处于领先地位并对产业和社会发展贡献较大的少数人。广义人才，一般说来，是指拥有自己的生活目标，不停地追求理想，事业成功，胜过周围多数人。二是人才有技术标准，还有道德标准。在技术方面胜过多数人，在道德上还必须具备基本的社会公德。三是人才具有较强的时代性。人才 = 技术 + 学历。技术，是时代、社会、市场、产业的要求；学历，是受教育的时间和程度，是知识层面、认知层面、思维、交际、视野、品质、综合素质。一般认为，学历高、技能强、认知和能力胜过绝大多数的人，自然是时代、国家、社会、产业中不可缺少的人才。但是，不可否认，社会上不乏学历低、技术好、素质高、受人认可的人才。

（二）新时代学生成长与成才的素质特征

我们很多人都熟悉人类学习的三大类：视觉学习、听觉学习和动觉学习。除了这三类，许多关于人类学习潜力的理论和方法已经建立。其中包括哈佛大学教育研究生院认知与教育研究所教授霍华德·加德纳博士提出的多元智能理论。加德纳早期在心理学方面的研究以及后来在人类认知和人类潜能方面的研究，提出了他最初的六种智能的发展。今天有九种智能，其他智能的可能性最终可能会扩展这个列表。这就是语言智能、逻辑智能、空间智能、自然探索智能、音乐智能、运动智能、人际智能、内省智能、存在智能。

加德纳断言，无论教的是哪一门学科，如艺术、科学、历史或数学，教师都应该以多种方式呈现学习材料。加德纳继续指出，任何你非常熟悉的东西"你都可以用几种方式来描述和传达。我们教师发现，有时我们自己对某个主题的掌握是脆弱的，当学生要求我们用另一种方式传达知识时，我们被难倒了"。因此，以多种方式传递信息不仅有助于学生学习知识，也有助于教育者提高和加强对内容的掌握。

加德纳的多元智能理论可用于课程开发、教学规划、课程活动选择和相关评估策略。加德纳指出，每个人在各种智能方面都有优势和劣势，这就是为什么教育工作者应该决定如何在给定主题和学生个人类别的情况下最好地呈现课程材料。事实上，旨在帮助学生以多种方式学习材料的教学可以激发他们的信心，发展他们不太擅长的领域。最后，当教学包括一系列有意义和适当的方法、活动和评估时，学生的学习动力会得到加强。

加德纳曾明确提出过四个主要观点：一是人类智能具有多样性，人类具有九种不同类型的智能；重视人类智力的种类多种多样，强调每一种智力都具有强大的潜能。二是每个人的智力结构都不同。突出了人类智力结构的特殊性，造成了人类差异。三是每个人都有自己独特的智力范畴和智力类型，强调"智力是每个人实现其目的的途径，其智力水平高低并不能决定其智力的高低"。四是人的智力通过外部环境的有效培养和刺激，能够被发现，能够得到发展。要使智力开发，要充分认识到个人的特点，结合具体的文化背景与现状，进行有针对性的培养与教育。该理论的诞生引发了教育观、教育法等一系列变革，给高等职业院校的职业素质教育带来诸多启示，无疑是对素质教育的最佳诠释。

对于 21 世纪的人才培养来说，"互联网＋"的理念非常重要。在未来谁运用好网络技术，谁就可以掌握未来。未来的空间是无限的、未知的，互联网大大扩展了我们的视野、活动空间和容量。同时，掌握专业知识，才能够顺利开展跨文化交流，才能满足中国新时代人才在行业、国际交流中的需要。很明显，人才呈现出鲜明的时代特点。我们认为在新时期，学生成长成才应具备以下六项能力素质：一是卓越或独特的业务能力。商业技能是新工业化时代的基础。二是善于使用网络。在信息时代，人类最大的特点是"人类大脑＋计算机"；人才，就是能够很好地运用"人类大脑＋计算机"这个模式的人。三是应变能力强。信息社会日新月异，人才培养周期大大缩短，人们时时面临着更新自身知识系统的压力。要有才干，还要有应变能力。四是开拓意识、创新精神。不拘一格，开拓意识强，创新能力强，时刻走在市场前沿，不断开发新产品，这是取得胜利的重要保障。五是要能团结合作。当前，在社会劳动分工日益细化的今天，团结合作就显得尤为重要。六是具有很强的转换性。它不同于应变能力，指的是，为了能够顺利地适应不断变化的社会，个人学习技巧和个人特点需要不断更新。与此同时，也要有好的时代性。

（三）新时代学生成长与成才的具体要求

学生的成长、成才离不开时代的要求，更离不开国家和制度背景，我们走的是中国特色社会主义道路，学生的成长、成才自然也有自己的特点。承载着国家未来、民族希望的中国青年是实现"中国梦"的生力军、先锋力量，对此，中国青年一要坚定理想信念；二要练就过硬本领；三要开拓创新；四要坚韧不拔。我们要为新时期的成长和建设而奋斗，坚忍不拔的理想信念是我们应该继承的传统教育，也是中国青年成长成才的灵魂；过硬的本领是中国青年成长成才的坚实基石，开拓创新是时代发展的坚实基石，是中国青年成长成才的重要基石；要有坚强的理想信念。随着时代对中国青年成长成才的要求，新型工业化道路的发展战略进一步明确了要求。掌握高科技、高技能人才是实现新型工业化的重要支撑。

从时代需要和高等职业教育特点来看，新时期高职学生成长、成才的具体要求就是要培养具有较强的适应性和创造力。适应性是指学生一进入职场，在心理、生活、工作环境、人际关系等方面，能够迅速认识、了解、熟悉外界环境，具备主客合一的能力，主要表现为心理承受能力、独立生活能力、人际关系处理能力、应变能力。创造力包括发现和解决问题、实践操作、组织管理等能力。适应性与创造力是密切相关的，适应促进创新，创造加强适应性。适应性与创造力是新时期高职毕业生走向成功所必需的主要能力。高等职业院校要注重学生自身健康和心理素质的培养，它是一种与适应能力相结合，同时也是一种相对独立的素质，是一个人全面素质的基础，是生命中最根本的课题；要重视培养自己的生活动机和成就动机，保证自己的日常生活、学习和工作合乎标准，建立自己的信誉，赢得自信，取得成功；要重视创造并保护自己的小环境，同样重视人际交往能力和专业成绩，养成沟通能力、主动关注他人的能力；要正确面对现实的自我和挫折，认识成功是相对的，人生难免有许多挫折。在遇到挫折时，一定要做到尊重自己，接受自己，保持平常心，理性地总结经验教训，然后专注于做最合适自己的事情，并尽全力做到最好。

二、新时代职业院校培养目标及定位

（一）新时代职业院校教育培养职责

高职院校是中国高等职业教育的一个重要组成部分，它由本科、专科两个层次组成，目前以专科为主，承担着培养面向生产、建设、服务、管理等第一线需要的高技能、高素质、应用型专业人才的任务。到了今天，新型工业化道路充满了竞争，"中国梦"已经成为每个中国人的梦想，也是新时代赋予当代中国青年的历史使命，也是新时代高职学生成长成才的梦想。高等职业教育肩负重任。职业教育是国家教育体制和人力资源开发的重要内容，是广大青少年开启成功成才之门的重要途径，担负着培养多元化人才、传承技能、促进就业创业等方面的重要任务，必须高度重视，加快发展。青年人是实现伟大"中国梦"的重要"后备军"，我们必须胸怀祖国，放眼世界，以时不我待的进取精神，努力学习实现中华民族的伟大复兴。年轻人要珍惜在学校里度过的美好时光，把学习作为一项主要任务，作为一种责任、一种精神追求、一种生活方式，树立"梦想从学习开始，事业靠技能取得成绩"的理念，努力成为一名干将、一名能手。书中认为，新时代高职院校应立足时代特点，结合"中国梦"，结合新型工业化发展的要求，结合学生自身的特点和智力优势，努力将学生培养成健康成长、技术、素质、应用性强的高素质人才。

（二）新时代职业院校培养目标变化

在新时代、新技术、新经济时代来临之际，在人类第三次文明崛起之际，我们不能离开职业教育，尤其离不开高等职业教育，高职院校要做好充分的准备。许多发达国家的高职院校已经开始为向"新经济、新教育、新人才"的转变和发展做好准备，为适应时代发展趋势而不断创新。因此高等职业教育应适时地学习、确定其培养目标，并根据时代和社会的变化不断地更新和发展。

（三）新时代职业院校培养目标定位

高等职业院校教育培养目标的定位在不同时期有不同的论述，这是教育的时代特点所决定的。但是，下列观点是一致的：一是实践型、应用型人才类别。高等职业教育培养的人才类型为实用型，与学科型人才有明显区别。二是人才的高级性。高等职业院校培养出的是高级专业人才，综合素质高于中等职业院校所培养的人才。三是工作内涵的转化。高等职业教育的工作内涵，就是要从技术、管理向实际生产和服务转变。四是要加强就业基础。高等职业教育的本质决定了高等职业教育的岗位在基层一线。各时期高等职业教育培养目标的不同定位主要体现在侧重点上，将学生培养成具有一定理论素养和实际操作能力的应用型人才，应成为当今较为普遍的高职院校人才培养目标。在此基础上，进一步将新时期高职学生的培养目标概括为以下四种素质：一是思想素质，即德行、政治性。新时期合格的中国高职学生在具有良好道德品质的同时，还应该正确把握自己的政治方向，这既是我们的制度优势，也是我们国家快速发展的基础。二是文化素质。新纪元文化素质的含义更为宽泛，包括文字表达、计算机运用、判断力、信息搜集整理、独立思考、自主学习等。三是业务素质。以专业为本，不拘一格，以熟练为基础，具有创新、开拓意识。四是身心素质。身强力壮，能够承担重任，不怕吃苦。有良好的心理素质，团队意识，谈吐友好，善于包容。

近几年，我国的高等职业教育得到了迅速发展。面临机遇和挑战，高等职业教育如何在激烈的竞争中立于不败之地，关键在于学校自身的科学定位和特色建设，"将学生培养成为高技能、高素质应用型人才"，才是高职教育发展的根本。

第三节 高职旅游教育及其改革策略

一、概念界定

（一）高职教育

在高职院校开展教学时，要从以下几个方面着手：

（1）在教学中，应根据不同学生的能力、素质、知识等实际情况，设计合理的教学计划，培养具有较强技能、知识面宽、综合能力强的应用型人才，为社会解决技术人员短缺问题。

（2）从社会需求出发开展课程设置、教学内容等活动。

（3）在理论教学的基础上，通过实践性教学体系，开展实践性知识与理论性相结合的新型教学模式，提高学生应用知识和实际操作能力。

（4）提高高等职业教育的教学质量，培养"综合型"师资队伍，使每一位教师都成为知识的传承者和实践者，从而提高高等职业教育的教学质量，为促进学生的全面发展奠定坚实的基础。

（5）要在实践中贯彻以人为本的教学理念，根据学生不同的情况开展教学计划，从个体到整体双重角度，全面提高学生的技能和综合素质。

（二）旅游管理专业

旅游业的迅速发展带来了一门新的学科——旅游管理专业，它综合了管理学、经济学、社会学等多种学科，并逐渐形成了相对独立的旅游学科体系。旅游业在实际运作过程中不断精练，升华旅游业从业技巧、经营管理经验等内容，直至形成较系统的旅游专业知识，这些专业知识能更好地作用在实际的旅游工作中。从总体上看，旅游管理专业实用性强。

就培训目标而言，"德"是对旅游专业知识和职业素养的要求，"才"是对旅游专业知识和综合职业能力的规范，所以，培养德才兼备的旅游专业人才，不仅要注重管理层的旅游人才，更要注重专业技术开发人才和专业技能人才。

二、职业院校旅游教育改革的需要

伴随着旅游业的迅速发展，国家对高层次、高素质的旅游管理和旅游服务人才的需求日益增长，而对旅游管理和服务人才的培养要靠学校及教师的教育。然而，有些职业院校对这一现象认识不够，往往忽视旅游服务性专业，仅侧重于制造，如化工机械。此外，一些教师的教学观念比较保守，教学方法陈旧，这种情况最终会导致其他一些问题，如接受大学旅游专业教育的学生和行业的需求脱节。所以，高职院校必须加快旅游专业的改革步伐，提高学生的理论知识和实践技能，并增强其在发展本国高质量、高科技的综合人力资源方面的能力。其中包括教学观念、教学方法等方面的改革，实质上是对现代职业技术学院可持续发展的教育工作，包括教学观念、教学方法的改革。尽管我国高职教育工作开展了多年，但在教学模式、教学体制、教学观念等方面还十分"传统"，很难适应当代社会多元化发展和精细化发展方面的现实需求，这一点在旅游专业市场中体现得尤为明显，因此，在后旅游时代，应重视高职院校旅游专业教育改革目标，朝着既定的教育目标进行改革，并有针对性地实施相应的教学改革措施。

（一）及时转变教学理念

以旅游专业教育为基础，结合旅游专业教育改革工作，应适时改变传统的教学观念，根据当前社会发展环境的特点，建立正确的旅游人才培养观，这是由于传统旅游专业人才培养理念与现代社会对旅游专业人才的需求已有较大变化。

例如，目前社会大众对智慧旅游有较高的要求，而与智慧旅游有关的物联网技术、云计算技术、大数据技术等已较为成熟和完善，为什么会限制智慧旅游的发展，其主要制约因素是"人才"。所以，在后旅游时代，高等职业院校旅游专业教育的发展进程中，它的教学改革需要结合当前旅游发展状况进行系统的研究与分析，并加以归纳、总结，以提高高职旅游专业教学理念的针对性，为旅游事业发展输出更多高水平的旅游专业人才，从某种程度上说，后旅游时代高职旅游专业教学改革进程中，要想实现这一目标，就必须建立起适应旅游业发展需要的人才培养机制。

（二）创新人才培养模式

只有稳定、有效的人才培养模式，才能为社会的发展不断、稳定地输出相应的专业人才，这一点在旅游职业院校旅游专业教学改革进程中也是一个明证。

目前，我国旅游专业人才培养模式处在单一的人才培养模式的困境与现状中，在实际人才培养过程中，极易出现毕业生同质化现象，从而使当前国内的就业形势日益严峻。为此，高等职业院校要注重人才培养模式的创新改革，一改传统的教学模式，同时做到思维开阔、视野开阔，有关院校在条件适宜的情况下，可开展国内外已有成功经验的校企合作、顶岗实习等人才培养模式，并在此基础上进行职业教育培训，使其具备一定条件和良好的社会责任感。

（三）强化专业学生的实习管理

实践教学是旅游专业人才培养过程中十分重要和必不可少的组成部分，也是关系到现代高等职业技术教育教学改革成败的关键。所以，在高职旅游专业教学改革过程中，要注重对学生的实习管理，在学生实习的组织过程中，也要考虑多方面主体间"工""学"的关系，保证运行机制的正常运转，并确保通过系统的专业教育使旅游专业学生学以致用。同时，要注重培养学生的学习积极性，使他们的主观性得到充分发挥，这也是旅游专业人才必备的一项能力和素质，因此，在实践中，高职旅游专业教学改革过程中，需要高度重视、加强专业学生的实习管理，实现高质量的实习管理目标。

三、高职旅游专业教学改革策略

当今科学技术的飞速发展，使得信息技术广泛应用于各个行业，现代智慧旅游环境下，高等职业院校需要科学改革，合理优化教学程序，保证教育工作能较好地适应现代社会的发展要求，增强整体教育效果。为此，本书就高职旅游专业如何更好地实施教育改革进行了深入的探讨。

（一）明确人才培养目标

高等职业院校在具体的旅游专业教学中，不必把智慧旅游与传统旅游完全分离。一般来讲，智慧旅游终端能让旅游者更多地感受到现代信息技术，但传统旅游有不可替代的人文特征。因此，高等职业院校在具体的教育工作中，不仅要教授学生旅游服务技能，更要科学地培养学生的服务能力。高等职业院校在具体实施旅游专业教学时，要求教师能够熟练地讲解各种景观知识，并针对不同人群采用不同的讲解方法，保证学生在讲解旅游景点时，语言应用能通俗易懂，从而使游客能更好地了解旅游景点。因此，教师在确定教学目标时，既要保证学生能学到现代科技，又要对学生的口才魅力提出明确要求。

（二）优化专业课程设计

实施智慧旅游教育，要结合实际，根据行业标准，科学地构建课程体系。产业需求是教育工作的主要目标，在具体的课程设计过程中，教师只有先深入分析教学任务与岗位需求，才能保证人才培养能很好地适应智慧旅游发展。专业课开设过程中，教师在培养学生专业技能的同时，要注意不能脱离市场，加强学生的数据分析能力，使学生能够合理地运用教学知识。同时，也需要深入探讨旅游业的发展趋势，以保证学生发展的可持续性。

（三）合理优化专业设置

随着旅游业的发展，旅游部门通常会在商店或线上为旅游者提供票务和线路介绍服务，再由导游员引导到线下。与此相比，智慧旅游软件具有语音讲解、虚拟现实展示、景点介绍等功能，并可在线导购。同时，智慧旅游模式的全面推广，可让旅游者直接在网上比价，选择范围更广。现阶段，现代信息技术的飞速发展，给传统的旅行社经营模式带来了严峻的挑战，合理运用电子商务平台，科学调整人员结构，保证电子商务岗位数量不断增加。同时，高等职业院校在具体实施旅游专业教学中，还需增设电子商务专业，同时，在课程设置上，电子商务比例也要适当提高。这样，就能保证学生的课堂学习内容能适应当前岗位的需要。然而，为了搜集旅游数据，开发并运行电子商务平台，需要培养专门的信息技术人才。因此，旅游专业需要对电子商务专业进行合理融合，以保证学生能更有效地使用各类电商平台。

（四）改进传统教学模式

高等职业院校在发展智慧旅游的现阶段，在具体实施旅游专业教学的同时，也要科学地改革传统的教学模式。老师在开展具体的教学工作时，要根据学生的实际情况，合理地设定工作情境，安排学生真正的工作任务，并组织学生使用智能手机登录相关平台，在具体任务情境下感受到真实的工作状态，使学生在实践活动中得到更丰富的知识。它的合理运用可以保证学生在专业技能训练中有较高的能动性，从而保证学生能更深入地了解相关概念，保证学生对自身有更加清晰的认识，并能提前体验到具体的工作状态。同时，教师在开展具体教育工作时，也要根据岗位特征和所学课程对岗位核心技术进行科学分解，为其制定合理的职业情境创造图，使学生在学习中能感受到更深层次的体验。教师在具体运用情境体验教学中，还需对其进行多维度的合理运用。通过评估，可以让学生更清楚地了解他们在学习过程中出现的各种问题，从而实现学生整体素质的提高。要在专业教学中全面落实教学评价，跟踪学生学习的全过程。同时，要引导学生对自己的学习过程进行集中评价，确保学生能在对照中进一步发现问题，提出疑问，然后阐述自己的观点，对于学生在教学过程中提出的问题，教师应该进行认真解答。通过该方法实施项目教学，学生在学习过程中会提高自己的人际交往能力，对其今后的学习与工作具有较高的价值。

（五）有效落实校企合作

高等职业院校是人才培养的重要场所，而旅游企业能够为学生提供一定的实践基础，在具体的教育工作中，若要保证人才培养能够更好地满足智慧旅游产业的需求，就必须与企业建立合作关系。透过深度交流，科学设计实习课程。例如，学校可定期组织学生到企业或景区进行实地演练，实际操作各种器材，学生在现场练习时，能灵活运用课堂中所学的知识，并最终实现理论结合实际，从而确保为旅游产业发展培养更多的专业人才。旅游业高等职业院校与旅游企业合作，是发展我国旅游业高等职业教育的重要措施。旅游专业教学对学生的实际操作能力要求较高，这就要求教师必须具备良好的操作能力，但我国教师多为初出茅庐的学生，理论知识丰富，实践经验不足，因此，我们的教师必须要有机会参加企业培训。寒暑假等期间，我们的教师可以到旅行社，了解旅行社内部的业务活动和导游带团工作内容，同时，也要到旅游区甚至旅游行业主管部门从事基本的管理工作，以便在教学工作中从感性的角度对问题进行阐述，使学生信服。总而言之，我国旅游业的快速发展离不开旅游教育的发展，旅游高职教学更应根据整个旅游人才市场的需求情况，对高职教育进行改革，使我们培养的学生更加适应社会的需求，从而推动我国旅游职业教育的蓬勃发展。

第二章 高职旅游管理专业实践教学及课程体系

第一节　高职旅游管理专业实践教学体系优化

一、高职院校旅游管理专业实践教学体系理论依据

（一）系统论

1.基本观点

德国生物学家卡尔·路德维希·冯·贝塔朗菲在 1928 年提出了他的一般系统理论，作为许多不同科学共享的一般工具。这一理论促成了一种新的科学范式的出现，这种范式基于构成系统的要素之间的相互关系。以前认为，系统作为一个整体等于各部分的总和，可以从对其组成部分的个别分析中加以研究；贝塔朗菲质疑这些观点。一般系统理论自创立以来，已被应用于生物学、心理学、数学、计算机科学、经济学、社会学、政治学和其他精确社会科学，特别是在相互作用分析的框架内。

一般系统理论的产生，使人的思维方式发生了深刻的变化。过去对问题的研究，一般都是将事物分成几个部分，将最简单的因素抽象出来，然后用部分性质来解释复杂的东西。该方法注重局部或部分因素，遵循单一因果决定理论，尽管这是数百年来在某一特定领域被证明有效、最为熟悉的思维方式，但它并不能真实地反映事物的整体性，不能反映事物间的联系与互动，它仅仅是认识较简单的东西，并不适合研究复杂问题。系统是由它们的结构特征定义的，如组件之间的关系和功能；例如，在人类系统中，系统的元素追求一个共同的目标。区分系统的关键在于，它们对所处环境的影响是开放还是封闭。该理论强调整体观念，也就是说，世界上的一切都被视为有机的整体，具有"1+1

＞2"的系统效果，调整整体和各种各样的要素之间的关系，放弃机械追加各种各样的要素，把焦点放在事物的整合性上，以达到系统的"最优解"。

2.启示

高中同等学历者和普高毕业生都可以升入高职院校进一步深造。从这个观点来看，高等专科学校的学生来源更加复杂多样，而旅游经营专业从后期开始，从整合学习国际知识体系发展起来，研究内容占据了广泛的范围，实际的教育系统包括目标、内容、保证、评价等子系统。内部因素和外部系统显示出很多复杂的情况。上述所有高等专科学校从系统理论的角度出发，对实用教育的专业教育系统进行优化，系统的层次性、体系性和动态不断改进和调整有助于实现才能的训练目标。

（二）能力本位理论

1.基本观点

能力本位理论起源于英国对退伍军人的返校学习和培训，后来慢慢发展并成长为全球性的高职教育改革和创新理念。"能力"一词已从最初的专业技能扩展为综合专业技能，即工作中所需的一般能力和特殊能力，包括专业知识、心态、工作经历、审查等工作领域。该理论的核心内容是塑造符合现代岗位教育理论要求的综合职业能力，符合职业教育基本要求。能力本位教学是指在整个教学活动中，将发展职业能力贯穿始终，具体表现为通过层层分解、合并职业岗位能力，从而确定相应的教学内容；在教学实施过程中强调学生主体地位，注重理论与实践的结合；教学评价集中于职业能力培养的效果，能够及时作用于教学过程。

综上所述，基于能力的教育将一种有意的、透明的课程设计方法与一种学术模式相结合，在这种模式中，展示能力所需的时间各不相同，对学习的期望保持不变。学生通过参与练习、活动和经验来获得和展示他们的知识和技能，这些练习、活动和经验与明确定义的方案成果相一致。学生从教职员工那里得到积极的指导和支持。学习者通过多种形式的评估（通常是以个性化的速度）来证明自己的掌握程度，从而获得证书。基于能力的项目正在提高人们对高等教育的兴趣和意识。与传统的学术指导相比，许多学院和大学看到了在项目层面更好地规划、组织与提供教育机会和经验的潜力——在传统的学术指导中，完成的途径和学生将学习的内容往往不那么透明，进步主要是通过学分的积累、最低平均绩点的实现和时间的推移来衡量的。能力本位教育瞬息万变，新模式不断涌现。在大多数基于能力的项目中，学习可以以各种各样的形式和环境进行，学生可以在学习过程中得到定期的支持和鼓励。使用客观的、基于表现的工具来评估学生，这些工具强化了项目的严谨性。这些项目中的许多功能都是为那些没有被现有的中学项目很好地服务的学生设计的灵活的、负担得起的选择。学生可以从老师和导师那里得到更多的指导和支持，也可以选择加快学习速度，以节省额外的时间和金钱。

2. 启示

从职业教育的本质上来说，高等专科学校必须实施教育活动，以确保人才在理论指导下的能力。设定更明确的目标志向，用更详细且可测定的方法来表现的实践性教育内容，对旅游企业一线人才需求进行深入研究，立足岗位能力，从浅层次开发、安排一系列模块化的实践性教学活动；从实际教学条件上，高度重视学校与企业合作，根据旅游业的发展特点，建立符合旅游业发展趋势的实习基地，及时更新设施设备，提高利用价值和利用率；此外，还应培养一支具有旅游职业能力的"双师型"教师队伍；在实践教学评估方面，重视职业能力评估。

（三）建构主义理论

1. 基本观点

通过皮亚杰及其他学者的深入研究，逐步丰富、完善了儿童认知能力的学科体系。构建主义基础理论是许多基础理论观点的总称，其主要观点：一是形成理性的常识观。认识将随着社会的进步和人们的认知水平提高和改变，并且相对精确；二是要重视对受训者的主体性作用，了解受训者的知识、工作经历及自身差异；三是要重视意识训练，充分运用现有工作经验，积极从事生产加工，解决因新老专业知识而产生的冲突，进而进行学习行为；四是建立新型的师生关系。新常识的积极创造，教师是不可缺少的"后盾"，即协助学生积极创造和形成解决问题的能力。建构主义理论认为，知识并非由教师传授，而是学习者在某种特定环境或社会文化环境中获得知识（包括教师和学习伙伴），并利用所需的学习材料，以构建意义的方式获得学习。因为学习是在特定的情境，即社会文化背景下，在他人的协助下，透过人际合作活动，所完成的意义建构过程，因而建构主义建构理论将"情境""合作""会话"及"意义建构"视为学习环境的四个要素。"情境"：在学习环境中，学习情境必须有助于学生对其意义的建构。因此，在建构主义学习环境中，教学设计不应只考虑教学目标分析，也要考虑能使学生产生意义情的创设问题。"合作"是在学习的整个过程中进行的。从合作式学习材料的收集和分析，假设的提出和验证，到学习结果的评估，直到意义的最终构建，都具有重要作用。"会话"是合作过程中不可或缺的一环。研究小组成员之间必须通过对话来讨论如何完成规定的学习任务；另外，合作学习过程是一个将每一个学习者的思想成果（智慧）分享给整个学习团体，从而实现意义建构的一个重要途径。"意义建构"是整个学习过程的终极目的。要建构的意义就是：事物的本质、规则和相互关系。帮助学生在学习过程中建构意义，就是要使学生能够更深入地了解目前学习内容所反映的事物的本质、规律，并了解其与其他事物的内在关系。

2. 启示

在建构主义理论的基础上，高等专科学校的实践教授应该作为学生知识和经验的出发点进行积极的构筑。并且，实现知识、技术、能力的意义构筑。为了优化旅游实习指导系统，首先对旅游产业中学生的认知水平、能力水平、人才要求进行调查和分析，在教师和学习合作伙伴的帮助下，旅游专业的学生应依靠校企合作平台，独立学习不同层次的实践教育内容，在旅游企业与高等职业大学、教官与实习之间进行有效合作和意义建设的"模拟"或"完全真实"建立一个实际的教学场所；实际授课的评估目标是以学生自己的知识和能力的学习效果为重点，对原始知识和能力的认识和差异的评估具有重要性。

（四）行动导向教学理论

1. 基本观点

作为一种教学方式，行动导向教学理论是一种以"行动带动"为主的教学方式，在教学过程中，充分发挥学生的主体性和教师的主导作用，注重学生分析问题、解决问题能力的培养，从完成一个方面的"任务"入手，通过引导学生完成"任务"达到教学目的。就学生接受知识而言，知识来自实践，通过反复实践，最终达到理性认识，并回归于实践。行为导向的教学要求教师要将大任务分解为小任务。教师要有分层指导学生的行动方针。

行动导向教学理论由德国改革派提出，在国际上，以项目式教学取代传统学科教学，重新焕发了活力。在日常生活中，行为和行为是不一样的，它强调为了达到所设定的目的而有意识的行为。以培养学生的职业能力为目标的行动导向教学，其目的是根据完成一项职业工作所需要的行为、行为产生和维持的环境条件，以及实践者的内部调节机制等，对其进行设计、执行和评价。通过"目标、定位、设计、决策、调节"等环节，使整个教学过程遵循"整体行为模式"，通过创设职业情境，引导学习者参与设计、执行、评估职业活动全过程，主动探索、解决专业活动中出现的问题，及时反思学习过程，达到行动过程与学习过程的统一。教学步骤如下：

（1）预习：教师要在课前做好充分的准备工作，例如，制作多媒体课件、编写教务簿、组员设计、教具准备、学生完成任务所需材料、元器件准备、仪器仪表等。

（2）制定任务：教师用简明扼要的语言叙述本课程的任务，发出任务书，任务包括主题、时间、注意事项等。

（3）完成任务：这一阶段是以行动为导向的教学方法的主要组成部分。在教师指导学生掌握完成任务的基本思想、方法之后，根据学生的具体情况，分组分工合作，完成"任务"，形成"作品"。

（4）通过学生作品展示，教师引导学生讨论，发现学生作品特征，对学生作品给予肯定评价

2.启示

以行动为导向的教育理论，为促进学生专业能力的发展提供了有力的支持。高等专科学校的实践教授认为，以"行动"为出发点和立足点，教师和学生共同指导行动组织。在指导组织的过程中，学生通过积极、综合的学习，达到精神劳动和肉体劳动的一体性，最终实现专业能力的有效改善。在创造实践活动的同时，高职旅游专业的教师应该充分发挥学生在教学过程中的主体地位，关注学生的兴趣。在参加实践指导的过程中，教师应该培养学生的自我责任意识和解决问题的能力，促进职业能力的持续发展。

二、高职院校旅游管理专业实践教学体系优化策略

（一）修订实践教学计划，细化实践教学目标

1.以行业需求为指导，修订实践教学方案

实习指导方案是详细阐述实习指导的目的、内容、过程，是实习指导实施、检验的主要依据。旅游管理专业知识是依据行业实践提供的业务要求。学校要重视实践教育，制订相应方案，落实依据。

所以，旅游高等专科学校需要对有代表性的旅游经营企业进行本地调查、访谈、问卷调查，深刻认识区域旅游经济发展趋势，分析新型旅游形式对实用型旅游人才的新要求。同时，学校应该定期邀请资深游客、旅游教育专家，结

合最新的旅游需求，制订出较为详尽、科学、切实可行的高职院校教育方案。从实际教育目标出发，把旅游业的特征体现为其内容和评价方式。

2. 以职业能力为导向，明确实践教学目标

实践教学的指导性目标是实践教学中培养目标的具体体现。高职院校基于良好的职业道德、文化素质及旅游经营、服务能力，培养高质量的旅游人才。在教学过程中，高职院校的教师应该结合旅游专业的发展特点，科学地制定实习指导总体目标。

通过对旅游行业所面对的主题进行分析，在实践教学过程中，学校可以准确地把相应的核心专业能力与旅游业相结合。学校需要从培养学生职业能力入手，明确各实习指导的目的。以基础教育三维目标为切入点，制定适合旅游人才三维实践性教育目标。这些知识点体现了实际知识掌握程度，各个阶段的知识可与相应的专业标准进行比较。胜任力是旅游实践教学对实效性的要求，它主要掌握了旅游行业所需要的专业素质，包括专业素质、能力素质和非专业人员的综合职业能力。为提高鉴定能力，将其与相关专业技术标准相比较，划分为不同水平。情感目标是对旅游行业态度与职业道德规范的要求。通过日常训练及实习成绩，可进一步判定目标达成程度。

（二）深化校企合作，完善对接机制

1. 与优质企业合作，优化实践教学内容

旅游业是一个由多个因素组成的系统。因特网＋文化和旅游的融合，使这些业务悄然发生变化。此外，随着新型旅游形式的出现，对专业人才的需求日益增长。针对学生对不同专业岗位实践能力的不同需求，借助于校企合作平台，形成以职业能力为基础的实用教育内容。

高职院校结合旅游专业的实践特点，着重培养实践指导能力，尤其是市场意识、洞察力、问题解决能力等，强化"新方法"实用教育内容的专业精神。一般而言，旅游企业有一定规模，有较好的管理模式和社会责任感，是高职院

校理想的合作伙伴。双方都明确了各自在协议形式上的权利和义务。在实践教学内容的选择上，实践性的教学开发团队由教师和商务专家两部分组成，需要用开拓性的角度分析旅游业未来发展方向，选择适合学生就业的教学内容。教师在教学过程中需要采用灵活的教学模式，从而进一步明确匹配专业的能力，从而实现实习、培训和工作过程的衔接。

2. 调动多方资源，促进校企对接

建立一套科学、有效的校企合作机制，覆盖政府、行业、企业、学校等多种主体，形成闭环管理体系。校企合作的顶层设计不断优化，自主办学权逐步开放。我们在鼓励企业参与旅游职业教育的同时，积极搭建高职院校与旅游业之间的信息交流平台，加快制定专业教学标准、顶岗实习标准，完善相关法律法规和组织机构建设。以旅游业为视角，积极响应政府号召，充分发挥产业、组织等作用，引导旅游企业参与到教学实践中，指导旅游业健康发展。从旅游行业的角度，充分认识到学校与企业之间的合作所带来的长期利益，积极承担起培养旅游人才的责任，提高社会责任感。高职院校要积极与高质量旅游企业开展合作，不断提升旅游专业人才的能力，优化师资结构，切实提高社会服务水平。

（三）打造"双师"教师队伍，强化实践教学能力

1. 定期入企锻炼，培养"双师"能力

高职旅游管理专业教师作为高职院校实践教学的主体，其理论知识和实践能力直接影响教学质量。从旅游专业教师来源看，大部分教师都是从大学毕业直接入行的，缺乏一线工作经验，在实际教学中存在着"力不从心"的问题。为此，政府、学校和教师要制订一套综合性、多层次的"双师型"人才培养计划，切实推进教师队伍专业发展。

在政府部门一级，继续对高职教学质量进行顶层设计，成立"双师"师资培训基地，充分发挥培训基地的作用，实现全国职业教育师资培训资源共享；

对高职院校教师实训的时间、地点、效果进行严格的监督、评估。高职院校要更加重视对"双师型"人才的培养，认真落实上述政策文件，并根据学校实际，制定较为具体的教学指导文件；院系充分利用校企合作平台，联系旅游企业，结合教师实际情况，制订教学计划，明确各阶段实践活动的重点。从个体层面上，首先要端正态度，积极参加政府、学校组织的企业实习、培训活动，以正确的心态投入旅游一线；其次，合理地分析个人的专业技能，注意个人在专业技能上的优势，在实践中发现问题、解决问题。

2.注重结对互助，改革准入制度

学校和企业的指导人员要相互支持、相互帮助。具体地说，通过旅游技能学习等联合辅导活动，可进一步增强合作默契和团队精神，提高培养能力，最终形成实际指导作用。而政府要确定专业岗位的准入标准，就必须综合运用多种政策手段。在实行师范院校教师准入制度的同时，实行教师资格定期调整制度，强化教师资格的动态管理。

高职院校是职业教育专业发展的重要组成部分，积极落实国家职业教育改革方案，对专业教师实施企业经验培训，积极吸引优秀旅游企业、机构员工及中长期管理人员。大力开展专业技能评估活动，如导游比赛、高级导游评定等。旅游业的领导、管理者都要参与到旅游领导小组中，或者聘请部分旅游企业、机构中的要人；积极组织教师技能比赛、选课、结盟等活动，组成旅游指导队，为学校、企业提供服务。

（四）注重内外联动，提升实训基地水平

1.发挥校企联动作用，打造高水平实训基地

实习基地作为旅游院校实习教学的主要场所，是有效保证旅游人才素质的"硬实力"。要积极吸引优质旅游企业参与建设，建立一批校企合作、共享的旅游实习基地，有利于保证实践教学质量。伴随着社会的不断发展，我国的网络科技和计算机信息技术也得到了发展。其中，因特网技术对许多专业领域产生了巨大的影响，网络技术已成为人们生活中不可缺少的一部分。随着"互联网+"概念的提出，各行各业掀起了将网络整合到传统领域的潮流，教育界也不例外。目前高职院校的教学正在逐步融入网络技术。以往线下教育的观念、方法已不能完全适应当代社会对旅游管理人才的需求。在网络时代背景下，教育和网络融合已成为一种必然趋势，网络技术为我国高等职业院校旅游管理人才的培养提供了巨大的便利。在"互联网+""旅游+"行业背景下，高等专科学校与旅游代理商、观光景点等业者联合起来，将传统旅游业及当地旅游业需求结合起来。学校与企业合作，以高职院校教务部门为依托，凭借旅游企业的资金、设备、经营管理等方面的优势，共同建设一批旅游培训基地。这样可以加强旅游培训基地建设，提升服务水平。与此同时，确定功能和权力两方面之间的分权，从构建、经营、运行的角度，积极调整教育与实践的关系，培养、探索、建立一个集全面认识、服务于一体的高级旅游培训基地。学校与旅游企业合作，最终达到共同经营、共享、双赢。

2. 加强科学规划管理，完善实训基地内涵建设

高职院校在实践基础上，积极吸纳政府、行业、企业界等多个学科的建设，不断更新教育装备与技术，不断加强教师队伍培训。学校要想提升学生职业综合素质，提高旅游培训基地的质量与管理水平，必须设置协调、互补的管理机制。

对旅游行业协会而言，通过改进政策、规章，积极发挥联系政府、企业、学校、商界等方面的桥梁作用，促进合作；对高等专科学校而言，与优质旅游业经营人建立长期稳定的合作关系尤为重要。学校要充分发挥各旅游培训基地的优势，必须借鉴现代旅游企业的运作经验；引入 PDCA（计划、实施、检查、行动循环）管理模式，对培训方案进行标准化管理。培训体系和评估标准满足了在不同方面进行实习指导的需要。

（五）引入多元评价主体，完善教学评价指标

1. 扩大评价主体，提高评价质量

实践教学评估是运用科技手段对教学过程进行价值评估与实施效果的实践指导。对专业院校进行科学评估，采用多种评估方式进行评估有效地改变了评估困境，提高了评估质量。

实践教学评估过程中，学校需要采取多种评估方法，真正完成实践教学的多角度、全方位评估。旅游企业从多个角度判断学生的实习成绩是否符合实习和聘用标准，判断教师的旅行实习能力是否达到企业参加培训的目的；学生不仅评估教师的实践教学质量，同时也评估自己和同学的实践学习效果，采用不同评估内容的恰当评估方法，注重过程评估与结果评估的结合。采取上面的方法，学校才能有效地提高旅游人才的职业实践能力。

2. 完善评估指标，强化反馈功能

评估指标就是具体目标。为更好地开展学生的实践学习，提高教师的实践教学质量，高职院校应将旅游职业技能要求与从业人员聘用标准结合起来。与此同时，要不断提高评估指标，充实评估内容，积极发挥反馈作用，及时调节师生双方的学习状况。

高职院校必须建立符合教学内容的评估体系。以基本实习、专业实习、综合实习等不同的目标为切入点，分别从学生"学"和教师"教"的角度构建对学生实践学习效果的评估指标体系和教师实践教学质量的评估指标体系。其中，对学生实际学习效果的评估，不应局限于评估工作技能、任务完成情况、实习经历、总体表现等方面，还应注重专业知识、职业道德、岗位业绩等评估内容；对于教师实践性教学的评估，要区分学校指导教师和企业导师的评估内容，积极吸收指导学生进行旅游技能培训；对上述指标进行完善后，着重将结果反馈给评估对象，即学生得到评估的反馈信息，可充分把握实践教学目标的实现程度，诊断教学过程中存在的问题。

第二节　高职旅游管理专业基于能力本位的课程体系

一、理论基础——能力本位理论

在高等职业教育中，应该以"能力本位"为中心的教育思想，要把全面职业能力培养作为主要任务，培养"基本理论适度、技术运用能力强、知识渊博、素质高"的专业人才。

（一）能力本位的能力观

1. 能力的定义

"能力本位"的能力在职业教育领域被理解为"胜任、能力"，即拥有工作（活动）所需的知识、做好工作的态度、对工作岗位的理解。

要评估一个人是否有能力做一份工作，必须具备以下几个要素：第一，要熟悉自己工作的环境；第二，掌握完成工作所需的基本技能；第三，如果希望在工作中取得成就，也要具有热爱工作、乐于奉献的精神，使自己成为一名优秀的员工。所以，界定"能力"不仅仅是传统职业教育所推崇的"技能"，还应反映出现代职业教育在人才培养中应具备的各种条件。例如，职业道德、服务意识、文化素养等。没有这些要素，从业人员就不可能在应变、生存和发展方面具有强大的竞争力。

2. 职业能力观的演变

作为以能力为基础的教育核心概念，职业能力经历了三个发展阶段：任务技能观、关键能力观和整合能力观。因为处于不同的时代背景，专业能力的内容也不一样。

第一阶段——任务技能观。19世纪末和20世纪初，由于垄断资本主义时期的到来，产业革命以集中的种类和大的生产带动了制造工业的快速发展。这个阶段，工人在"熟练掌握工作所需的角色技能"的要求前放置。为了满足工人的工作要求，以能力为基础的行动，作为能力的核心，在"掌握岗位任务技能"之前。

第二阶段——关键能力观。在20世纪40至50年代，由于计算机的出现，深刻的变化发生在社会科学和技术的所有领域。劳动市场的需求变成了"更多品种和更少生产批量"的产业。与第一阶段相比，为劳动者的质量提出更高的要求。另外，由于劳动技术的加速更新，工人必须有持续学习、不断更新知识和技能的能力。而在多品种、小功率的生产形式中，工人必须在不同的岗位上流动，工人必须有不同的技能，即有必要在关键能力之间转移各种各样的知识和职业能力。在这个阶段，能力已经不适用于运用行动，但是一般来说，应该参照处理职业开发能力、信息获得能力、信息处理能力等不同工作的不同问题的适应性。

第三阶段——整合能力观。20世纪70年代，计算机和信息技术迅速发展，使人们的生产生活更加智能化、高速化、机械化、人性化。因此，工人必须对特定的工作非常有能力。而且，除了态度、经验等一般的科学和文化知识外，更需要掌握特定工作所需要的"专业知识"和"特殊技术"，这对劳动者来说是必不可少的。通过分析职业能力概念的进化史，我们得出结论，职业能力概念的进化本质上是思维模式的变化。从单一投稿向不同的后发组转发，从机械化完成工作任务到创新开发项目的过渡，从简单技术到综合技能的转移。

（二）能力本位的课程观

因此，以什么样的课程观为基础，会产生怎样的课程开发，呈现怎样的课程观，这一概念非常重要。课程观发展至今，能力本位的课程观又赋予其新的内涵：能力本位是课程发展的指针，工作流程是系统化、开放性和多元性思维。与传统的职业教育课程观相比，能力本位职业教育课程观具有以下特点。

1. 以培养职业能力为主的课程目标

职教课程目标不仅要适应学校教学目标，而且要适应高职人才培养的目标。素质教育是以培养学生的职业能力为课程目标，按照各个专业的人才培养计划，根据人才市场的需要，确定课程体系。以能力为基础的课程目标，既要强调学生的基本技能，又要把所学的知识整合起来，以实现全面职业能力的提高。

2. 以分析职业岗位能力为基础的课程设置

职业教育课程目标既要符合学校教育目标，又要符合职业教育人才培养目标。"能本位"是把培养学生的职业能力作为课程目标，按照各专业人才培养方案，根据人才市场需求，确定课程体系。基于能力的课程目标，在强调学生基本技能的同时，还应利用已学到的知识整合知识，达到全面职业能力的提高。

3. 采用模块式的课程结构

基于能力的职业教育，基本采取模块式的课程结构。其中，初试以排课为主，综合高重复性理论课程，结合知识量较大、知识面较广等特点，各模块间相互联系。比如，基础课程模块提供了专业核心课程模块的理论基础知识，专业课程开发模块提供了专业核心课程模块的辐射与延伸知识。

4. 以学生为中心的课程实施

素质教育课程体系主要是以发展学生职业能力为主，教师从原来的"主讲"向"监督"转变，强化了学生的主体地位。学生在不同的工作场景下，通过完成专题任务，学会运用岗位技能，充分调动自己的学习主动性和积极性。此外，能力本位课程实施场地采取了室内外结合的形式，将理论知识运用到室内实训中，实践部分课程更多地与企业合作，让学生多了解工作情况和行业发展。

二、课程能力养成要素在课程体系中的体现

把培养学生的专业能力作为重点课程设置。在设计方案时，必须借助专业合理的岗位和岗位分析，明确从业者的职能结构，从而确立高职院校课程设置的总体目标。

第一，基础课程内容是专业能力分析。课程内容基于保守主义的功能设置，按照职业定位结果，根据职业能力要求明确相应的课程内容，注重实际职业能力的学习和培养，与综合能力的衔接。知识和实践技能考试强调实力发展的课程内容要立足岗位；作为领域权威专家导向的课程内容，具有决策效应的权威专家并非来自教育行业，而是来自行业领域。

第二，重点课程内容是操作环节必须掌握的工作能力专业知识。职业技术教育的教学内容着眼于学生"做什么"和"怎么做"的问题。职业教育引导各领域拔尖人才的综合专业能力。因此，课程内容应与专业能力、工作经验、心态、专业技能、专业知识相关，而不是系统软件课程的基础知识。

第三，模块化设计的工作能力课程结构。针对技术专业岗位要求，结合学生自身的课程学习兴趣，随机匹配，高职教育课程结构应采用智能化方法。模块化设计的工作能力保守主义课程内容必须单独提取原有的综合知识，并根据行业岗位的要求和技术专业岗位的工作能力进行重新整理，以满足学生的不同要求。

第四，灵活多样的教学策略，注重工作能力。高职院校工作能力保守主义课程内容的课堂教学应以学生为主体。每个学生的学习背景和学习培训的动机都不同。因此，具有自学能力的教学策略应灵活多样。它的特点是根据别人的教导。此外，在教学实施中，教师要转变核心影响力，运用学科带头

人任务驱动选拔、角色扮演游戏、情景模拟教学及其新项目导向等多种教学策略，不断加强学生的学习，培养自觉性和主动性，进而达到提高学生专业能力的培养目的。

第五，面向功能的教学评估。高职教育课程内容分级应以工作能力综合应用水平为依据，这也是高职教育教学评估工作能力保守的特点。

因此，在教学评估层面，要对以学生培养为主导的学科课程目标进行比较，对教学实施中的每一个过程、每一个环节进行评估，确保在实施后立即得到相应的评估。每个教学过程的实施，第一时间获取反馈信息，进而合理保证课程内容实施的效果和经济效益。

三、基于能力本位优化高职旅游管理专业课程体系的对策

（一）明确能力本位的课程目标

教学目标是指学生通过系统软件培训环节后，课程内容本身要达成的主要总体目标。通用课程设置包括技术专业骨干课程的通用目的和总体目标。课程设置目标从宏观经济层面准确定位了技术专业人才队伍建设的方向，也为各技术专业骨干课程的方向提供了明确的依据。主课的总体目标是以与课程内容相对应的职位为参考，建立在如何学习和培养学生具备相应专业能力的基础上。

1.总目标

高职院校旅游管理专业技术专业以旅游机构在优秀人才输出精准定位的岗位为主，包括景区导游、策划人员、旅游产品销售人员、单位经理、旅游网站维护等。在充分明确旅游关键岗位职责后，高职院校应该培养行业需要的"高素质""高技能"的旅游人才。高职院校提炼创新一条主线、双主干、三期螺旋式渐进的人才培养模式。这其中，"一条主线"体现了"以学生专业发展为主线"；"双主干"分别代表了"学校"和"企业"两种平行的人才培养机构，双方都承担着培养人才能力的任务；而"三期"则代表了三年的学习时

间。其对应的专业课程体系的总体目标是：培养学生在岗位对接中能胜任的职业技能，使学生成为适应旅游业发展需要的优秀人才。

2. 专业核心课程的目标

将"职业能力"作为课程体系总目标，不同的对应位置有其独特的特点。要增强学生就业竞争力，就是要让学生在没有压力的条件下就业。对以高职院校外销管理人才为主的企业而言，其核心岗位是按照职业教育培养人才的本意，培养具有核心岗位学生的能力。通过大量调研，最后绘出了模拟导游学、策划、派送三个主要业务活动及旅游产品营销活动。核心课程的教学目标是在满足总体目标、行业需求、学生就业需求的前提下，构建其教学目标。

（二）以职业能力为导向规划课程设置

1. 基于能力本位构架课程规划路径

人才培养并非"知之于人"到"知之育人"的简单学习过程，因此，职业能力的发展应遵循由"做简单活"到"做复杂工作"的高能力学习过程。

以能力基准为基础的课程设置，从以前的知识到特殊技能，特殊技能到基础知识，运用实用技巧、理论知识到实用技巧，应将具体技能转化为一般知识。利用从软件操作中学习基础知识，测试理论学习水平的实用技巧。

2. 依据职业能力的分析开设课程

制订开班计划，首先要从相关专业对应的职业能力分析入手。本文将旅游管理专业设置为基本素养能力、专业核心能力、专业拓展能力三大能力模块作为框架。

3. 构建能力模块式的课程结构

教育部有关文件规定，职业教育各专业的课程设置主要有公共基础课和专业技能课两大类，主要是专业核心课和专业（技能）导向课。公共基础课的学习时间通常占总学时数的1/3，累计总学时数大约是1学年。职业技术类课程学习时间通常占全部学时的2/3，其中，累计顶岗实习总学时原则上是1学年。

它是一门公共基础课，包括德育课、文化课、体育和健康课、艺术和其他公共课程。其课程设置、教学要符合培养目标，重视学生能力的培养，加强与学生生活、专业及社会实践的密切联系。职业技术课程应根据相应职业岗位（群）能力要求，设置专业核心课程，加上专业（技能）方向的课程结构。教学内容应密切联系生产劳动实际和社会实践，注重应用性和实用性，并注意与相应的专业资格考试要求相结合。但其中一些专业基础较强、规范要求较高、涵盖专业广泛的专业核心课程，其教学大纲是由国家统一制定的。

根据教育部制定的课程设置要求与标准，旅游管理专业以培养学生全面职业能力为目标，建构课程结构。根据综合职业能力，将旅游管理专业的课程结构划分为三个模块：基本素养能力、专业核心能力、专业拓展能力。

（1）**"基本素养能力"模块的课程设置**。公共基础课是一门注重对学生基本思想道德、职业基本素质培养的课程，主要以公共基础课的形式出现在课程中。有关文件对职业教育公共基础课的设置作出了明确规定，首次模拟测验是对学生的思想品德和专业基本素质进行专业培训。有关文件明确规定了职业教育公共基础课的课程设置。要把社会主义核心价值体系纳入职教人才教育全过程，加强对学生思想政治、道德、法律和心理健康等方面的教育，提高学生思想政治素质；培养学生的职业道德与法律素质，培养学生的综合素质。高职院校德育课程是学校德育教育的主要环节，应与社会现实、学生生活紧密相连，进一步体现职业教育的特色。德育课程由两部分组成。必修课包括毛泽东思想、中国特色、职业规划、职业道德与法律、社会主义核心价值观；除对学生进行日常的心理健康教育外，也可将旅游心理学融入基础教育课程中。依据国情的发展可实施形式与政策教育，可结合学校德育、学生社会实践、专业学习、后实习等内容，开展环境教育与安全教育。课程一般为 64 小时以上。除道德教育、中文、公共英语、计算机应用基础课、体育和艺术（音乐和艺术）之外，还提供了基本必修课。各类专业人员也需要根据需要，以各种形式设置人口资源、现代科技、管理、人文等以及特殊讲授（活动）方式纳入课程，并将其作为公共基础课的选修课（活动）。公共基本必修课的全部课程大纲必须由教育部办公厅决定。有关旅游管理的课程，除必须开设德育、心理学课程外，还应具备语言、沟通、适应等专业素质，具备英语、交际能力。鉴于文化课程对旅游专业人士十分重要，可增加多门选修课，如展示服务、观光礼堂、户外娱乐等。

（2）"专业核心能力"模块的课程设置。职业技术课程应根据相应职业岗位（群）对能力的要求，设置专业核心课程，加上专业（技能）方向的课程结构。例如，湖南网院旅游管理专业一直认为旅行社各岗位以培养高素质的从业人员为主体的输出型，根据现有教师队伍的配置，优化利用自己的校内外实训条件，尤其是合作企业，根据行业需要，确定了该专业的三门核心课程为模拟导游员、计调作业、旅游产品销售。以专业核心课程为中心，重点培养学生导游学、导游学业务能力、导游学产品销售能力。

（3）"行业拓展能力"模块的课程设置。

第一，随着新型旅游形态的形成，旅游市场越来越网络化、个性化，而在更为细分的旅游市场上，旅游代理商、营运、空中观光、订票等新的专业能力也逐渐形成。本课程是基于内容的课程体系的整体设计，可根据自身的兴趣与专业，如电子商务、管理学基础课、旅行社经营及管理实务等，为拓展航班、订票等能力，可选用不同的课程。研究这些课程，能够提升毕业生就业的竞争力。

第二，为了满足学生资格鉴定证书的通过率，除将旅游行业资格证书所需的课程并入"专门化课程"外，还将"强化旅游导游资格考试前"和"旅游服务型英语"课程纳入其中，包括"普通话""英语"导游资格证书，为获得这两项认证的学生提供支持服务。

第三，"行业拓展能力"单元的设定，是为了提高学生就业率，学生通过对自身能力的市场测验，可降低产业排斥率；目的是扩大学生的职业能力及就业范围，不仅让学生具有专业的核心能力，可到观光景点、游轮、航空公司及其他相关部门工作，同时具备专业的技能与素养。

第四，增加了茶艺、旅游摄影、急救等专业课程。许多学生在参加问卷调查时，都表示希望学校能开设一些具有较强技巧性的兴趣课程，全面提高他们在导游工作中的专业素养。

专业能力导向课程的设置，在解决市场需要和人才就业的问题中，发挥了积极作用。专业能力导向的课程体系强调知识与能力之间的关系，知识是能力的动力，能力是知识的结晶；学习与课程相对应的知识模块，使学习者具备相应岗位的专业能力。专业能力导向课程的设置，旨在解决市场需要和人才就业。

（三）围绕职业能力设计课程内容

根据职业能力分析结果，结合企业单位的用人标准及相应的国家职业资格证书考核标准，高职旅游管理专业应以"优化知识结构，突出岗位技能，强化综合素质，提高学生在岗能力"为目标，进行课程教学改革。

一是删去"旅游概论""目的地国别概况"等理论性课程，整合相关课程的教学内容，提炼出专业核心课程，如将"导游基础"和"导游实务"两门核心课程优化为"模拟导游"。与"广泛性"的课程编排相比，优质的课程内容更能提高学生对岗位核心技能的掌握。整合课程可以更加合理、有效地利用有限的教学资源，达到最佳的教学效果。

二是改革课程内容，促进学生的道德修养和智力全面发展。对传统课程结构而言，培养学生的"修养"与"职业道德"等课程存在不足。为改变这一状况，不断深化学生的服务意识，更立体地了解自己的专业，可于第二学期安排专业认知实践课程，第三学期可开设旅游规例与伦理通识课程。其目的在于使学生对职业认知更为明晰，对今后职业的准确定位，为以后的课程学习奠定基础。

（四）加大课程的实践教学力度

实践实习是高职教育的重要组成部分，它是培养学生良好的职业道德、增强学生的实际操作能力、提高其综合业务能力的重要环节。实践包括内部实践、外部实践、顶岗实践等多种方式。实践实习必须明确诸如实习场所、校外实训基地及必要条件等，确保学生顶岗实习的岗位与其所学专业对应的岗位群基本一致。实践性课程是构建职业教育课程体系的核心内容，是提高学生岗位能力和就业竞争力的根本保证。为此，优化以能力为本的课程体系，必须重视专业实践教学环节，加强实践性教学。

1. 围绕职业能力设置综合实践课程

螺旋式渐进的实践性教学模式将人才培养过程划分为三个阶段，每一阶段的实践任务各不相同，又相互联系。

最优实践性课程设计，使学生在学习过程中明确体现出三个阶段的教学原则，即以实践性课程为主、理论课为辅，每一阶段都采用集中实习环节，检验学生分阶段能力掌握情况。例如，在完成一期（基本素质能力学习阶段）的课程学习之后，安排一次为期两周56课时的专业认知实习，以使学生对该专业的总体发展及工作内容有一个大致的了解。第三阶段（专业素质学习阶段），主要针对专业定位，设置了核心课程对应的三大核心岗位，每一门核心课程都安排有轮岗实习环节，主要是对所学理论知识进行实践性的操作与消化。

2. 深化"双证制"实践教学改革

在专业实习教学环节，另一项亮点是：大力推进"双证（学历证书和职业证书）制"教育。"双证制"教育既保证了职业教育在发展道路上不仅与高等教育学科相吻合，也提高了高职毕业生的就业含金量，毕竟，在中国经济和社会转型的关键时期，更需要高技能的专业人才。为此，在以岗位能力为前提优化课程体系的过程中，不断深化"课证融合"与"双证"双管齐下的实践教学改革。

实行"双证"制度，确保学生在校学习阶段，除完成学业所需的学分外，还要取得与旅游有关的职业资格证书。为使学生顺利通过专业认证，在课程设计上，教师要把职业标准植入实际教学内容，让学生走出校门时，即已具备入职资格，熟悉各职位的工作任务及所需的岗位能力，提高毕业生的就业竞争力。

3. 保障校内外实训条件的要求

为增强实践教学的效果，使学生能够在"真实"的工作情境中锻炼其技能，保证专业实习的条件要求是基本要求。除此以外，随着现代信息技术与教育深度融合发展，设想在筹备专业校内实习基地时，利用新的计算机软件技术，为学生创造一个虚拟的工作环境，提出建设"VR（虚拟与现实）仿真教室"和"智慧旅游实验室"的构想。这样，就可以完全突破传统的实践课模式，尤其是在教学环境上更加依靠高速信息化与高新技术，实现让学生在校内实训室也可达到校外实习的效果。

另外，学校、企业要实行"零距离对接"合作模式。针对不同学习阶段的内容，将企业中不同职位的精英请进教室讲课；同时在对教师工作业绩进行评估时，将"专任教师必须进入企业继续深造"这一硬指标纳入评估内容。该模式不仅能使学生了解行业市场的发展趋势，而且还能使教师掌握工作的最前沿能力。

（五）以职业能力为导向创新课程教学方法

为了有效提高学生的专业能力，实施"教育与学习的利益相互关联的课程实施方法"。通过教师和学生的不同指导活动，实现培养学生工作能力的指导目标。这个课程的实施方法需要学校和企业共同培养人才。将教师和专家的"指导"，学生理论知识的"学习"和学生的实践项目"进行"有机地结合起来，并然有序地实施三个指导过程。

1. 分析高职学生的学习能力

要使教师"教"得好，学生"学""做"都符合职业能力标准，首先要客观地分析学生的知识背景、学历水平、个性特点、兴趣爱好，实行因材施教。通过基本素养模式的学习，学生对专业的理解发生了不同程度的变化，与此同时，专业岗位的定位已基本形成，一些学生适合当导游，也有学生对计调工作感兴趣，而另一些同学由于沟通能力和创新能力的优势，显示出产品销售特长等。通过对学生特点的分析，教师有针对性地指导学生学习合适的岗位职业能力，从而最大限度地培养他们的职业技能。

2. 确定教学模式

为提高学生的综合职业能力，教师必须将职业能力分解为每一项单独的工作项目或任务，使学生在完成这些独立的专业项目后，就能掌握各种专业技能。这一模式被称为基于工作过程的项目教学模式。这是一种以典型工作任务为导向，结合"教长学、助学"的实施方式。

3. 选择教学方法

（1）**角色扮演教学法**。在课堂上进行角色扮演是一种以学生参与相结合的教学为中心、以学习辅助、激发学生主动参与课堂的教学方式。

（2）**情境教学法**。情境教学法是虚与实相结合的教学方法。教师根据不同岗位对知识和技能的要求，按照知识认知和能力递进规律，完成不同工作项目的情境作为教学载体，教师将每一个项目设定成"虚拟"的情境，学生在其所处的环境中完成"实际"工作任务。

（3）**行动导向教学法**。以学生参与教学活动、完成教学任务的形式来实施行动导向教学法，充分发挥学生在课堂教学中的主体地位，教师转化为帮助学生动手完成任务的"指导者"。

（六）以职业能力为导向构建多元化的课程评价体系

1.评价标准能力化

课程评价标准主要是针对学生的综合职业能力，它既是对学生操作专业基本技能的评估，也是对学生职业道德、社会能力、文化素质、服务意识、应变能力、团结协作、创新精神等综合能力的评估。

2.评价主体客观化

该系统突破了传统的"一元化教师评价"的课程评价模式，把学生和企业专家都纳入了课程评估的主体之中，形成了"教师、学生、企业专家"三体融通的新模式，更客观、全面地评估和改进学生的职业能力。

以学生为中心，以学生为核心，通过自我评价和相互评价，对课程进行反思，促进了学生综合能力的提高。在课程评价主体中，学生的参与程度不断提高，提高其持续学习和团队协作能力。课程评估中邀请企业参加，工业专家对学生的学习过程进行了评估，并判断他们的技术是否适合市场及产业需求。

3.评价方式多元化

目前，传统的课程评估主要是以纸面理论考试的形式进行，而能力构成环节决定了采用过程式评估与终末测验相结合的方法最为科学。程序形成性评估能更真实地反映学生对专业能力的掌握。可采取多种形式的考核方式，如导游赛、导游会、模拟导游会、导游员导游赛、导游员招聘会等形式。学生提交作业的形式也可多样化，可采用书面、音频、视频等多种方式进行成交评审。

多元评估能使学生在学习枯燥的技能过程中保持新鲜感，提高其学习积极性、主动性，从而有效地提高其岗位竞争能力。

（七）基于能力本位优化课程体系的保障机制

1.师资保障

为了优化以能力为基础的课程系统，有必要增加"双重修饰"教师的比例。拥有丰富经验的"双重教师"是确认学生能否具备市场和业界相关的知识和技能的关键。在国内外旅游教育研究中，国家经济发展水平直接与旅游需求成正比，足以证明教师在实践教育水平上的重要性。为了提升教师的素质，我们可以采取以下方法。

第一，加强与企业的合作，推进企业参与制度化和规范化，制定有效的政策，使教师可以在企业内锻炼。这样既可改善教师缺乏实践经验的问题，又可改变其教学思路。

第二，"落实行业专家就业机制"，邀请行业专家和优秀的旅游机构 CEO 在课堂上实施特定的教育任务，传达行业新的国家政策，行业人才的新需求和学生的新技能岗位，为学生开拓视野。

总之，教师的教学质量直接影响学生专业能力的掌握。因此，提高教师的工作能力是基于能力的教学计划系统保证机制的重要部分。

2. 激励机制保障

激励机制是一种能够简单调动教师热情的系统。从教师的需要开始，了解这一层的重要性，为科学优化激励机制，制定以下三个保证。

第一，在物质层面上，根据工作成绩来决定教师业务能力评估结果。教师激励背后的激励理念是根据教师的生产力支付工资。目标是产生两个关键影响。首先，鼓励教师付出更多的"努力"，广义上包括数量和质量。例如，为了提高质量，教师可能会花更多的时间在课堂教学或课后辅导上。高职院校可以尝试不同的教学方法来提高教学质量。其次，招聘高素质的教师。一些经济学家认为，激励措施将吸引更擅长提高学生成绩的人进入教师队伍。在实践中，激励性薪酬的实施存在细微差别，可能对效率产生重大影响。因此，任何政策制定者都必须仔细考虑要提供的最合适的激励类型。一般情况下，学校基于个人或团队绩效提供激励。个人激励指根据教师提高自己学生成绩的程度，向教师提供个人奖励。集体激励指根据一组教师的平均表现提供奖励。大多数情况下，该小组由一所学校、学校年级、学校学科或学校学科年级的所有教师组成。从积极的方面来看，团体激励鼓励教师之间的合作，而个人表现则促进竞争。由于教师往往会从同事的帮助中受益，而且大学校园环境更有利于提高生产率，学校需要打破以往统一的激励机制，突出"更多的工作、更多的工资"的工资分配方法。评价教师工作道路的尺度多样化了。他们可以选择使用科学研究成果来替代课堂教学的负荷，熟练教师的业绩评估集中在教师的教学业绩上。教师可以通过参加竞赛获得指导和参加技能竞赛优秀成果的学生来弥补科研的不足。因此，所有教师都可以充分发挥自己的优势，提高信心和成就感，最重要的是，这种工资分配方法可以大大提高教师的工作成效。

第二，在精神上，学校应该给教师一种归属感和安定感，让他们感觉到自己是学校的一部分。对骨干教师，特别是年轻的教师，要创造更多的机会，实施"带薪学习"模式，促使教师提高自己的专业水平，尽快在教学中独当一面。

第三，在科学研究的各个方面，采用"一带一"的形式。也就是说，一位教师帮助另一位教师更多地了解最新的科学研究动态，并指导科学研究如何进行。科学研究水平的提高，专业技术职务的提升，工资待遇的提高，这些都可以让教师更信任学校，更自信，更充实。

第三章　高职旅游专业的人才培养

第一节 高职人才培养模式

一、高职人才培养模式概述

高职院校文化教育人才培养方式具有五个本质特征：一是培养融合生产、基础建设、管理方式、服务项目的高技术实用型人才为基本方针；二是围绕"应用"的中心思想和特点，构建课程内容和课程内容管理体系；三是综合实践课的首要目标是培养学生的关键技术工作能力，在教学工作计划中占有很大比重；四是"双师型"师资队伍建设是高职院校文化教育成败的重要保障；五是校企融合、校企合作是培养优秀技术实践型人才的主要途径。教育部《关于加强高等职业技术教育人才培养的意见》以行政法规的形式确定了上述五大本质特征，完成了从操作到基础理论的跨越。

高职院校文化教育人才队伍建设方法是指高职院校与用人单位根据教学目标、共同确定的培养计划、课程内容、培养方法和保障体系的总数，以及由此产生的定型方法。该方法包括以下含义。

文化教育的自成一体性——文化教育的目标是社会发展的时代总体规律和需要塑造的个人素质。它对课堂教学的定位、课程内容、教学策略和课程管理起着决策作用。党和政府要求的教育政策是构建人才培养方式的基本依据。

行为主体多元化——高职教育融入制造业、基础建设、管理方式、服务项目等一线必备应用型人才。因此，高职教育培养计划和规范的制定应着眼于行为主体的多元化，坚持高职院校、政府机关、事业单位、用人单位共同商定的标准。同时，还应充分发挥学生的主导作用，鼓励学生积极发展。

内涵的多样性——高职教育人才的培养方法主要围绕"塑造什么样的人"和"如何塑造"两个基本问题展开。因此，人才培养方法应包括三个层次的内容。第一层：总体目标管理体系，关键是培训计划和规范；第二层：内容方法管理体系，关键是课程内容、教学策略与方法、塑造方法等；第三层：保障机制，重点是师资力量、实践活动产业基地、课程管理和课堂教学评价等。

方法的理论性——高职优秀人才的培养方法是理论基础研究和操作探究的结晶，特别要强调具有扎实的操作基础。只有实践经验证明可行的，才能具有生命力和借鉴作用。

进入高职教育新时代，高职教育人才培养的主体不断扩大。由于人才培养方式的多样化和公司对专业人才要求的多样化，高职院校人才培养方式的内涵必须丰富多彩，必须融入以工作为导向的高职教育改革发展中，具体指导高职院校合理制定和选择适合自己的人才培养方式。这些都表明，高职人才培养模式的内涵需要丰富，要使之与就业方向相适应的高等职业教育改革与发展的需要，指导高职院校正确设计、选择适合本学院和用人单位的人才培养模式。

二、我国高职人才培养模式的类型和特点

（一）我国高职教育发展中人才培养模式的类型

1. 以办学层次为特征的人才培养模式

中国台湾地区应用科技大学模式，培训内容包括本科至技术硕士、技术博士。

在内地，现在大多数职业院校和高职院校专科层次培养模式都是 2~3 年的专业教育。

香港科技大学与美国科技大学相当，借鉴英国教育体制，为应用型人才提供培训。

我国除高职高师教育为本科、研究生教育外，还有一所院校被批准开展四

年制"同等学力"本科层次实验。

2. 以培养过程为特征的人才培养模式

产、学、研合作模式；中外联合培养模式；校企结合模式；多形式联合培养模式；能力中心培养模式。CBE-DACUM 教学模式：它以岗位、岗位群的职业能力为培养目标和考核标准，以能力为基础，注重培养学生的个性，注重教学过程的灵活性，注重科学管理。缺点就是常常不能正确地处理知识、能力、素质之间的关系，不能把握合适的"度"，以致专业能力仅归结为一种特殊能力，甚至某种实际能力；技术培训中心的培训模式：各学院均设有各种培训中心，不仅为学生提供一定的专业知识和证书，同时也为社会培养了各种专业人才；教学模式：很多学校都通过各种教学方法的改革、课程建设的改革与实验，探索适合地方、行业、专业的教学模式。教学方法千变万化，没有统一的标准和框架；在校内外进行素质教育的培养模式，除课堂教学外，通过开展各种活动，不断提高学生的能力与素质，不断扩大知识面，增强创新精神和创造性，促进学生德智体美劳全面发展；运用现代教育技术，在科技、教学等领域开创了一种全新的教学模式。不少大学在教学改革中，大量引入现代教育技术，改变了过去"以书为本"的教学模式，即通过计算机获取信息，引入现代化教育技术、扩大学生信息量、减少教学设备是教育的一大变革。

（二）高职人才培养模式的特点

把握高等职业教育人才培养模式的特点，可以更好地了解和应用模式的要求，提高模式设计与实施的科学性和有效性。我们就高等职业教育人才培养模式的特点进行了探讨，考察高等职业教育人才培养模式的研究，不难发现，大多数学者从微观、局部两个层次，对其特征进行了探讨。高等职业教育人才培养模式大致具有如下特征。

1. 范型性

高等职业教育的人才培养模式具有很大的理论价值。在实践上，就是在范型上，容易把握事物间、事物内部因素相互结合的方法，使人通过模仿甚至照搬，就能取得类似的成果，提高人才培养的效率。

2. 实践性

高职教育在人才结构构建中，要注重学校与用人单位的共同作用，而不能局限于学校，高职教育的人才培养模式是理论研究与实践探索的结晶，尤其要注重实践。经过实践验证的有效代表性模式，才有活力，可供借鉴。

3. 多样性

有学者认为，高职专业自身多样化、课程设置复杂，造成了高职人才培养模式的多样化。同时，随着我国高等教育进入大众化阶段，高等教育要实现大众化，就必须多样化。多样化的高等教育必须有多样化的人才培养模式，以适应社会各阶层对人才的需求。

4. 系统性

高等职业院校的人才培养模式是一个多因素体系。其内容涉及培养目标、课程体系、教学方法、教学手段、管理体制等方面，许多因素互相影响、互相渗透，共同影响着模式的组织风格与运作。脱离了模式的体系，就不能全面地掌握模式。

5. 动态性

动态性是指高等职业技术人才培养模式要根据社会的变化与发展而不断调整、充实。经济与科技快速发展以及人才市场需求多变，决定了高职人才培养模式的动态性。但从某种程度上看，高职人才培养模式比较稳定。

三、高职人才培养模式的改革及其趋势

在过去的十多年中，高等职业教育得到了很大发展。高等职业院校根据社会政治、文化、经济和学生个体的需要和发展，在全国高等职业教育实践的基础上，确立了高等职业教育的培养目标和人才规格。在理论和实践上，对高职

人才培养模式的基本特征进行了深入的探讨。部分高等职业院校在发展的过程中，借鉴国外职业教育的经验，结合本国的国情、行业和企业的特点，归纳出各种产学合作人才培养模式，如"订单式""工学交叉替代型""2+1 型""企业全程参与式""一专多能式"等。本章节通过对建设高等职业技术教育模式的探讨与实践，着重提出了一种有别于高等职业技术教育的新模式。作为越来越多的高等职业院校对人才培养模式的实践探索、"精炼"与"求异"，也许还有更多其他模式要提出来，纵观高等职业教育人才培养模式的改革和发展趋势，从人才培养上可以看到以下特征。

（一）变重传承为重创新意识和创新能力的培养

传统高等职业教育是传承性教育，是面向过去和现在的教育。"入世"意味着要融入全球经济一体化，创新复制是全球经济发展的主要动力，运用知识、增加创造能力，成为经济活动的核心。在加入 WTO（世贸组织）之后，更多的中国企业将和资金、技术先进的世界著名企业争夺生存、发展空间。对弱势群体而言，需要更多具有创新精神和能力的高素质、高技能型人才加入企业，才能增强企业实力。为此，要在教学计划、专业设置、实践等各个环节渗透培养学生的创新精神和创新能力的教育理念，要把学生的知识传授与技能培训作为一种教育理念，而不是单纯地把理论与实践结合起来，以培养学生的创新意识和创新能力。

比如，在课堂教学中，要鼓励学生多出彩。"标新"与"立异"都是创新，其核心在于"新"与"异"，这实际上是一个创作。老师要鼓励学生发表不同意见，甚至是与老师不同的意见，敢于打破常规，勇于创新，异想天开。以利于激发其创新意识，培养创新能力，这样才能得到欣赏和鼓励。此外，在专业设置上，也要敢于打破传统的观念，多开一些"人无我有、人有我新"的专业课程，以特色求生存，以创新求发展。

（二）变重专才为重综合意识与综合能力的培养

职业技术教育是一种专门的教育，强调对职业技术人才的专门培养。中国加入 WTO 后，全球经济一体化，新的综合性学科、交叉学科、边缘学科不断涌现，这就要求学生必须具备广阔而丰厚的基础，也就是要有一定的专业知识，要做好通才教育。科学和技术的综合发展对高等职业教育提出了新的要求。在实施专业人才培养过程中，重视通才教育，强化学生的综合意识和综合能力的培养，已经成为目前高等职业教育改革的一个重要课题。

（三）变重理论为重实践意识与实践能力的培养

过去高职教育大多沿袭成人高等教育的模式，重视理论的系统性把握，而忽略了对知识的实际运用。中国加入 WTO 以后，企业对人才的需求与以往的实践性教育、培养要求存在着本质差异。因此，实践培养具有新内涵、新要求、新任务，必须探索出一种新的实践教育模式与途径。针对这一问题，很多高职院校采取了三个途径：第一，学校、企业、社会相结合，走校企合作办学的道路，建设教学实践基地。从某种意义上说，解决了高职院校的实习基地建设和毕业生的就业和转岗问题。第二，教学与生产、科研相结合。既可带领学生在专业实习和日常实践中深入生产一线，考察、参观、参与生产过程，也可引导学生参与教师科研课题，引导学生进行科研实践等创造活动，培养学生科学研究能力。第三，理论联系实践。可借鉴学校现有的现代教学设备，建立学生创新活动教育实验基地，为具有一定实践、创新能力的学生提供实习、科研条件，如如何使用饭店模拟实验室等。简而言之，应强调将现代高等职业教育建立在现代科学技术的基础上。实习训练也要从实际出发，探索可行的方法。

（四）变重守业为重创业意识与创业能力的培养

传统高等职业教育在很大程度上属于保守型教育，其目光集中在现有产业（尤其是某些大型企业），并为现有产业培养合适的人才。与此同时，电子商务和全球性互联网的繁荣，也为中、小企业提供了强有力的信息技术支持，此外，中国加入 WTO 以后，由于市场的进一步开放，企业之间的竞争也逐渐加大（具体表现为：产品快速更新；设计日益多样化；产品生命周期变短；建立在价格和适销对路基础上的竞争日益激烈；公司不断尝试符合客户需求的新方法，等等），为高效、低成本的中型、微型企业的出现和生存带来了巨大商机。所以，学生也可以去创造。毋庸置疑，高等职业教育应抓住这个机遇，以各种形式激励和培养学生的创业意识和创业能力。

（五）变重单干为重合作意识与合作能力的培养

加入 WTO 后，中国经济与世界各国相互依赖的关系日益密切，国与国之间的联系日益密切，更多的企业员工将与不同国家、不同文化背景的企业员工进行沟通、交流和合作。所以在教育中，培养学生的合作意识和合作能力变得越来越重要。学生是否能够领悟、包容异国文化，能不能在同他人的合作中发挥优势、体现自身价值，是高职教育面对入世挑战的必然对策。

第二节　高职旅游管理专业学生职业素质的培养

一、核心概念

（一）素质

在《辞海》中，"质"一词可作两种阐释：一是指"本特性与人之物在某些方面的原始性"；二是指人的修养，如政治素质、文化素质等。"素质"有狭义与广义之分。狭义的素质是指在生理、心理两个方面的概念，这个概念既可指身体素质，又可指心理素质。广义的素质是指人的先天素质和后天获得的特征与品质的总和。它包含着身体素质、政治素质、思想素质、道德素质、生活观念等方面。

（二）职业素质

职业素质是指人们在一定岗位上从事一定工作所需的个人能力，它由知识、技能、心理、道德等多方面因素构成，是劳动者对社会职业的认识和适应性的综合表现，是劳动者对社会职业认识和适应性的有机整体。职业素质的基本特征是职业兴趣、专业能力和专业情绪。对职业素质的影响与制约因素很多，主要有学历、实践经验等。一般而言，劳动者是否能顺利就业，主要取决于个人的职业素质。职业素质越高，成功的概率就越大。

（三）旅游职业素质

旅游职业素质是指旅游工作者的职业道德体系，是旅游工作者从事旅游业所必须具备的条件。旅游业工作者只有具备旅游职业素质，才能适应旅游业的发展。旅游职业素质包括旅游职业知识渊博、职业道德优良、语言表达能力强、精通一门外语、沟通协调、随机应变、团队合作等。

二、高职旅游管理专业学生职业素质存在问题

（一）学生旅游职业素质中存在的问题

1.旅游职业知识不足

目前，旅游专业的学生存在旅游职业知识不足的问题，具体表现在以下几个方面：

第一，旅游管理专业学生获得旅游职业知识的方式单一，多数是通过选修课程获得。

第二，一些学生对旅游基础知识认识比较片面，对旅游知识的具体内容认识不够。有的学生内在学习动力不够，常常只是被动地接受学校安排的职业素质培训课程，在学习、实践中由具体的行为来进行表现。

第三，有些学生对旅游地理学知识掌握不够，无法准确地讲出相关知识。

第四，部分学生没有在平时的学习中积累历史文化知识，所以无法向参观者进行全面、丰富的讲解。

第五，学生只有对于旅游民间艺术的认识进一步加深，才能够给参观者提供更专业的知识讲解。

第六，通过对学生政策法规知识的调查发现，半数学生对旅游政策法规认识不足，知识储备不到位。

第七，学生对旅游专业知识的掌握还不够全面、具体，部分旅游从业人员的专业知识还不够全面，对旅游法律法规及民俗风土人情的认识还比较浅，对于一些旅游知识只是停留在稍稍了解的程度，没有熟练地掌握。

2.旅游职业能力欠缺

旅游专业的学生专业素质存在的主要问题是：

第一，大多数学生对职业能力的重视程度都是以注重的态度为主，对职

业能力持高度重视态度的学生比例还比较低，强调职业能力的培养需要进一步加强。

第二，学生在语言表达、沟通协调能力等层面上存在明显的不足，需要进一步加强学生这方面能力的专业化与精益求精。通过毕业生访谈得知，有半数毕业生认为自己最缺乏的职业能力就是随机应变能力，另有部分毕业生认为自己缺乏沟通交流的能力。

第三，有些学生认为自己外语水平一般，无法熟练地和外宾进行交流。

第四，学生对岗位适应性普遍较低，不能迅速适应岗位要求。

第五，一些学生对就业信心不足，认为自身就业竞争力不强。部分学生实习中遇到的主要问题是缺乏专业经验，遇事无法灵活处理，只能求助于所在的实习单位。还有一些学生由于不能及时满足游客的要求，造成带团途中与游客发生矛盾。

第六，缺乏协调人际关系的能力。因为旅游业是一种应用性非常强的产业，需要与不同类型的游客沟通和交流，特别是计调人员应该对整个旅程做好安排，导游们也需要带团时与游客及时沟通，以满足游客的合理要求。

3.旅游职业道德有待提高

制定全面的、深思熟虑的道德准则是提高职业道德的有效手段。提高职业道德的最好方法是让道德行为成为行业文化的核心部分。强调从雇用过程到员工日常生活的各个层面的道德准则，是真正将道德行为融入行业文化的主要途径。还可以通过要求在关键问题上进行结构化的协作决策来强调道德准则。职业道德也可以通过侧重于在实践中做出道德决策的员工和承包商的培训来提高。道德培训课程应尽可能具体和有重点，并且应与人力资源专业人员、道德顾问或行业心理学家密切合作。系列道德培训课程可能会带来更好的结果。

其中，旅游业职业道德存在的主要问题有：

第一，大多数学生对旅游业职业道德认识不够准确，职业素养有待提高。

第二，对于旅游业职业道德基本内容的理解还不够，有的学生还没有深刻理解职业道德的真正内涵。

第三，学生在旅游专业职业道德规范中，对具体内容掌握不够，部分学生对旅游专业职业道德的要求不能完全遵守。

第四，有些学生对旅游职业道德规范的基本要求和基本原则认识不清，缺乏社会责任感，在工作中出现以经济效益为主导的现象，忽视了旅游者的切身利益。

（二）学校教学中存在的问题

1. 课程设置缺乏合理性与特色性

第一，一些学校在课程设置上，过分注重理论性、系统性，忽视了旅游管理专业的实用性、实践性、独特性等特点，并且实践课比重相对较低，理论课比重相对较高。

第二，课程设置体系缺乏必要的人文素养教育，只注重单纯的理论知识，忽视了综合素质。

第三，公共基础课程课时量非常大，但专业课的课时相对偏少。

第四，一些课程设置不能满足行业市场对专业人才的需求，没有按照行业需要制定课程标准。有的课程缺乏清晰的核心主干，影响了学生专业特长的形成和发展。

2. 校企合作缺乏实用性

学校和企业之间的合作本来就是一种学校和企业互利共赢的合作模式，为提高教学质量，校企之间可以借助自身的优势，实现资源的互补，使学生在实际工作中得到学习和借鉴。但是在调查中却发现，校企双方都没有进行全方位、深层次的合作，没有安排优秀的企业员工或技术人员到学校讲课，传授实际工作中的经验，也没有让学生在企业实习时接受系统的岗位培训，重点发展学生的职业技能，而是每学期安排两个星期，让学生到企业里进行简单的学习，不能达到全面培养学生职业能力的效果。

三、高职旅游管理专业学生职业素质存在的原因分析

（一）学校

学校对职业素质的重视程度不够

通过问卷调查可以发现，有的院系没有在旅游学院的必修课程中增加专业素质课程，而只是安排了选修课程，让学生有选择地进行学习。各高职院校要根据旅游管理专业的特点，加强对学生职业素养、职业道德、专业知识、职业意识等方面的培训，并在实践中不断更新和完善，以培养适应新时期旅游业发展需要的应用型人才。

过于强调实用主义教育，而忽视了学生的全面发展

当今社会，经济的快速发展对人们的思想产生了深刻的影响。人们更加重视精神层面的东西，从而忽视了物质层面。在当今社会中，实用主义教育受到很多人的青睐。然而，实用主义教育本身存在着一定缺点，会导致学生出现心理问题，从而影响学生之后的学习效率。

（二）教师

师资力量薄弱，教师的专业化程度不高

旅游业是一门综合型、实用性较强的专业，教师只有掌握各种专业知识，才能培养出高素质的旅游管理人才。常言道，要让学生喝一杯水，老师就得喝一桶水。教师知识储备的高低，直接影响到学生综合素质。作为一门新兴学科，旅游管理专业师资匮乏。而在教学资源配置上，专业教师队伍配置相对薄弱。此外，旅游管理专业作为新出现的学科，缺少一个完整的知识结构体系，景点的讲解也只是通过查阅资料来描述，缺乏生动形象的表现。无法实现旅游管理专业培养的目标。

有些教师在职业素质方面存在理论知识和工作经验不足的现象，未受过专业训练。此外，教师和旅游企业之间关系不密切，实地调查和交流较少，因而缺乏具体的实践经验，无法和学生们分享与交流，职教实践性教学还有待进一

步完善。教师旅行经验不够丰富，岗位技能不到位，作为一门实践性很强的专业，仅有理论知识还远远不够，还需要教师加强行业实践经验，以提高学生的职业技能。尤其是旅行社、饭店等工作单位，更需要从业者具有很强的动手能力。只有教师的实践经验丰富，亲身体会到各岗位所需的专业素质和专业技能，才能把自己的工作经验更好地分享给学生。要把理论性和实践性知识有机地结合起来，并能让有实践经验的企业员工参与进来，让教师在不同的岗位上进行实习，使课堂教学和实践教学有机地结合起来。

（三）学生

1. 部分学生的综合素质有待提高

高等职业院校的起点有所不同，有的是五年制职业院校，有的直接初中毕业就进入学校。

大多用人单位都要求从业者具有专业道德感和事业心。但在实践中却发现，有的学生忽视了身为旅游从业者所应具有的最基本的事业心和社会责任感。就旅游业而言，就是服务旅游者，全心全意为旅游者着想的产业。但有的学生从业后缺乏敬业精神，对工作的态度也不端正，不愿从基层干起，只是一味地追求高薪、优待。作为一个旅游从业者，要有顾全大局、全心全意地为旅游者服务的职业道德意识，而非一味地追求自身的经济利益。

2. 学生的就业定位不准确，好高骛远

毕业生在择业时，职业目标设定得非常高，没有结合具体情况进行分析，没有很好的定位，认识不到自己的缺点和不足，对自己盲目高估，导致就业选择不切实际。刚毕业，工作经验和工作能力还没有达到足够的水平，就开始职位，期望高薪工作，不能以一个好的心态去做好眼前的工作。当前高职院校毕业生就业竞争能力与专业素质均较差，与行业需求有一定差距，尤其是实践能力、人际关系能力、创造力等有待进一步提高。刚就业的学生们必须具备吃苦耐劳的精神，准确地定位自己的职业发展方向，根据自身的个性

与能力，设定一条合理的职业发展道路，使自己初步具备适应职场的能力。

很多学生没有全面地认识自己，只会一味地追求理想的职业生涯，找工作时把高工资作为首要目标。单一化的自我认识，造成对职业定位的错误。通过问卷调查发现，一些学生在毕业后，对自己的职业追求充满热情，而且就业期望也很高。选择职业时，不能很清楚地分析自身的优缺点，选择适合自己的职业发展道路。不准确的职业定位还会使学生在择业时产生诸多困惑，缺乏耐力，经常发生跳槽现象。尽管有的学生职业目标设定得很高，但是对于自己进入公司的发展前景不清晰，从众心理比较严重，只是一味地追求高薪、高质量的生活，缺乏艰苦创业的心理准备。还有一些学生寄希望于父母帮忙找好工作，不愿从点滴小事做起，更不愿从基层做起，一步一步地实现自己的理想。

旅游企业所需要的是具有较强实际技能和良好职业素养的应用型人才。高等职业教育旅游管理专业学生的职业素质培养是一个系统工程，需要学校、教师、学生三方面共同努力，实现优势互补。专业素质的培养是一个循序渐进的过程，并非一蹴而就。因此，应逐步培养学生的专业素质，全面提高学生的专业能力。

为培养旅游企业所偏爱的人才，旅游管理专业的教学不仅要重视专业知识和技能的培训，更要注意加强他们的思想道德、心理素质、交际能力和团队合作意识的培养。要提高学生专业素质，就必须不断地进行专业知识积累和专业能力培训，同时要有良好的职业道德。身为大学生，应积极主动地提升自己的专业素质，充分发挥自己的内在潜能。

学校应高度重视学生专业素质的培养，将培养学生的专业素质贯穿学校教育的全过程，指导学生选择适合自己的职业发展方向，帮助学生树立正确的职业发展目标，科学、合理地规划学生的职业发展道路，将职业理想融入实际工作中，使学生顺利就业。高职院校毕业生求职过程也就是用人单位对学生专业素质的检验，学校要不断转变学生的就业观念，培养和造就更多适合社会和旅游业发展的优秀人才，为我国旅游业的健康发展提供更多的人才保障。

第三节 优化我国高职旅游人才培养的对策

一、以市场需求和职业能力为坐标设置专业

职业教育是学校教学工作适应社会发展的重要环节。高等职业教育在专业设置上，必须独具特色。高等职业教育培养的旅游专业人才与理论型、研究型人才相比，其专业取向有很强的职业定位性和针对性。实际操作中，要坚持面向区域旅游业的一线服务和管理需要设置专业，以当地旅游人才需求变化趋势为基础，确定专业主体结构。

二、以培养职业能力为宗旨设计教学

高等职业教育的培养目标是培养学生从事旅游业的专业技能。个人职业能力的高低取决于专业能力、方法能力和社会能力三个方面的整合结果。专业能力是指在职业活动中具有一定技能和专长，重点是掌握技能、掌握知识，从而形成一种合理的知识结构。方法能力是指具有从事职业活动所需的工作方法和学习方法，要学会学习，学会工作，培养科学的思维习惯。社会能力是指具有从事职业活动所需的行为规范和价值观，重视学习共处，学会做人，树立积极的生活态度。本文就如何建构一个适合当地经济与社会发展的高职旅游教育模式进行探讨，并对其进行深入的研究与实践，初步形成了以培养学生职业能力为目标的高职特色教学设计模式。根据这一模式，我们将建立一套"实践系统"。这个系统并没有根据知识间的相关性，而是根据工作任务的相关性来组织。各种工作任务按一定的组合方式组成了为完成具体工作任务为目标的过

程。因此，高等职业教育的课程目标必须是以培养学生适应这种工作过程和完成具体工作任务的能力服务。课程设置要从职业要求出发，达到培养学生从事旅游业职业能力的目的。职业教育中的"专业"不等于学科门类，不侧重于学科分类的学术性。另外，职业教育中的"专业"也不等于社会职业，它与社会职业并非一脉相承，而是一种社会职业的"职务编码"，它是一种基于职业分析的教育"载体"。

有别于学科知识存在的形式，工作知识是在工作实践中"生产"出来的，它的产生完全基于工作任务达成的需要，依附于工作过程。为此，要结合行业专家对工作实践中的工作知识进行分析分解，根据工作任务构建"工作知识"，这是一项艰巨而又具有指导性的任务，需要教育专家和业界专家共同努力。在此基础上，围绕旅游专业培养目标，重点总结出旅游职业所需的综合能力和专项能力，再从理论教学到技能教学，全面、系统地规划专业教学。对旅游专业的人才培养目标进行能力分析、能力分解，设计出旅游专业的能力模块。

三、坚持理论和实践并重，建设和谐可持续发展的职业能力

鉴于高职院校实行以能力为中心、有别于一般学校学科体系的培养方式，其教学模式具有一定的特殊性。从以下几点可以充分说明。

第一，教学内容的职业化。无论是专业名称的确定，还是专业教学的内在逻辑，都要根据职业活动的内在逻辑选择并结合教学内容。因此，教学和专业之间存在着密切的联系，高职教育中教授的是专业技术知识。

第二，教学方法的实用性。高等职业教育需要具备一定的理论知识，而职业能力的形成更需要与职业环境相近、与实际岗位相类似的实际教学。所以，实践性教学是培养高职技能、实现高职人才培养目标的重要教学环节和手段。具体表现为，根据实际教学时数实践性教学课时不能少于一半，以实习为起

点，以实习为手段，重视学生的参与，积极运用现场教学、模拟教学等多种教学方法，培养学生独立思考、动手操作和分析解决实际问题的能力。另外，以就业为导向的高等职业教育要与学生就业、创业紧密结合，更要通过实习教学获得就业技能和创业能力。

第三，教学组织多样化。高等职业教育教学目标的不同以及课程实施过程、教学内容的多样化，要求高等职业教育的教学组织要灵活多变，要根据职业教育规律和学生个性、特长协调发展的需要，科学合理地组织教学。学生可以根据自身生活、学习的实际情况，在适当的时间内，采用工学交替、产学结合等培养模式，使学生能够根据自身生活、学习的实际情况，合理地完成学业，从而达到较好的学习效果。对于这两种观点，我们赞同理论探讨，但是，在实践中难以实行，无论是学分制还是工学交替，真正实行起来并不容易。第一个面对的是教师的限制，没有一所学校能够在每个学期都把学制课程全部开课，以便学生选修。怎样实现教学组织的多元化，还需要不断地探索与研究。

第四，多部门参与教学过程。调查结果表明，社会、生产型企业及相关研究部门逐渐渗透到高职教育的整个教学过程中。从专业设置、人才培养模式设计、课程设计、教学方案制订等方面，均邀请了企业界的专家和技术人员进行评估，参与课程教学，介入教学质量评估等工作，成为高职院校"双师"的中坚力量。同时，企业、事业单位也成为学校实践性教学的重要基地。

对以上模式的特点进行分析，使我们更深刻地认识到，以就业为导向的高等职业教育教学方式还必须抓住突出能力培养这一实际需求实施教学，以确保其人才培养目标的实现。

（一）理论教学要注重互动交流，培养关键能力素质

高职教育在重视基础理论知识传授的同时，更应重视研究与实施以应用性为主、有利于综合素质形成的教学方法。如果采用讨论式教学法，可以让学生在互动过程中共同学习，相互启发，集体思考，取长补短，在合作中培养团队精神、协作意识、沟通能力；对话式教学方法能够激发学生的思维活动，培养学生的思考能力和语言表达能力；实验教学法有助于培养学生动手和独立操作的能力，培养学生严谨、务实的科学态度，并激发求知欲等。以上几种教学方法能促进学生关键能力和基本素质的形成。

（二）实践教学要强化动手操作，加快专业技术能力的形成

实践教学是高等职业教育促进学生职业能力形成的最重要环节，通过实践教学，可以把学生所学的理论知识更好地转化为实际技能，并达到专业培养目标设计要求的专业技术能力。为此，从有利于职业能力形成的角度，进行了以下四项实践教学活动。

第一，要素作业的复位。也就是通过对生产劳动过程的分析，将某一工种分解为几个互相连接的简单工序，即要素工序。使学生在熟练掌握这些要素的基础上，进行组合应用，形成简单的作业，并在此基础上进一步学习新的工序。把已经学过的东西转化成一个个简单的任务，这样学习就成了一个由简到难循序渐进的过程，让学生的技能不断提高。该方法在实施之前，教师要着重于对学生进行详细的理论讲解，在实施时要加强对学生的指导。

第二，模拟式教学。也就是在整个教学过程中，根据所教授的专业技能要求、程序和工作方式等，创设了教与学、师生互动的社会交往模拟情境，使学生根据教师所教授的职业技能、程序和工作方式，不断地练习，形成一种自然、符合实际岗位要求的职业能力行为。一般采用模拟环境、角色模拟、仿真运行程序等方式。

第三，项目教学方法。"项目教学法"是将教学过程分成若干子项目（子项目中的主要任务是围绕一个项目开展学习，并提出一个项目，在项目中，学生能够自主地选择学习策略，独立地完成学习任务），然后再根据学生自身情况和目标设置学习阶段或学习任务，最后在规定的时间内完成该阶段或学习任务的一种教学方法。

项目教学方法就是以教师和学生一起实施一个完整的项目来开展教学活动。参与项目教研组的学生通常来自不同的专业、工种、职业领域，通过共同制订方案、共同或分工完成整个项目，达到了训练学生未来在实际工作中与不同专业、不同部门同事协作的能力。如结合旅游管理专业和外贸英语、电子商务、通信等专业，共同完成某一项目的设计、实施。实施项目教学，应在掌握专业知识、专业技能的基础上，由学生自主地或与教师合作完成。基于项目的学习只是一种围绕项目构建课程的方法。这些项目通过为学习者提供真实的、基于探究的活动来访问内容、分享想法和重温自己的想法，从而突出学习过程本身。基于项目学习的另一种类型是基于挑战的学习——通过识别和缓解学生及其社区固有的真实挑战和问题来驱动的学习。

第四，顶岗实习。其目的就是通过在生产一线实习，让学生综合应用和检验所学知识，进行综合实践训练，使其尽可能与学生毕业后的就业岗位相结合。在执行该计划时，要选择符合所完成实习任务目标的实习单位（或岗位），学生毕业设计、论文选题应当结合该职位和实习单位生产中的相关问题。

高职教育的实践教学方法，应着眼于能把所学的理论知识转化为职业操作技能，并加强实践教学手段的应用，促进学生职业能力的迅速形成。

高等职业教育要求突破学科界限，运用整合型的能力观，透过工作岗位的分析、观察，确定知识和能力结构，进而设计、发展专业课程，强调职业能力体系的整体性和复合性。这就要求学生具有较强的专业基础理论知识。这一理论体系并非学术，而是技术应用。以职业技能的专门化、操作化为核心，旨在培养学生扎实的专业技能、专业的职业技术理论知识、较强的技术复制能力。所以，在高职教育中，理论与实践并重，以培养综合性、专门性职业技能素质为主，实践性训练以培养学生的社会适应性为主。在旅游专业培养过程中，实践性教学的时间比例普遍偏高，大约占整个学习时间的一半。实现了内部实习与校外实习的有机结合。礼仪训练、语言训练、形体训练、专业基本技能的训练都应纳入训练大纲，明确合格要求，并在第二课中由学生自行完成。在这一过程中，教师只能作为培训方案的制订者、培训前期指导者、培训效果测试者，统一实践教学与校外实训，以减少重复和空缺。

（三）提倡和谐可持续发展的职业能力的培养

我们应该看到，职业环境的变化，要求高等职业教育培养的人才必须具备多元化、复合型的职业能力。所以，高职课程内容的选择和组织，要从人才培养的能力结构要求和学生终身可持续发展能力形成的要求入手，使高职学生在形成专门化技能的同时，还具备在同一专业群体和不同专业群体之间水平上升的职业转变和提升能力。

随着社会经济发展附加值的不断提高，对劳动者综合职业能力的需求也越来越大。在现代社会，不仅要有专业技能的技术人员，还要有具备终身学习能力的知识劳动者，因此，美国劳工部指出："未来的劳动者必须具备五项基本能力：处理资源的能力；处理人际关系的能力；处理信息的能力；有系统地看待事情的能力；使用技术的能力。"协调可持续发展的职业能力观，要求高等职业教育在选编课程内容时，要符合四个核心要求：一是高等职业教育教学内容要能传递现代经济发展所需的价值观念。二是要从塑造适合现代科技发展趋势的知识型劳动者为切入点，对高等职业教育进行选择和定位。三是高等职业教育课程内容，一方面要为学生提供符合各行业就业需要的专业技能，另一方面应向学生提供全面的职业知识和职业技能培训。四是要使学生在专业学习过程中能够充分发挥自己的特长，主动开展自主性活动，突出培养学生创新和创造的职业素质。

四、坚持与企业合作培养人才的新途径

因为旅游职业教育的服务对象是旅游企业，它除了有"育人"的作用之外，还具有经济功能，可以促进企业生产发展，而旅游职业教育的质量是促进旅游业蓬勃发展不可忽视的因素。

运用学校与企业不同的教育资源与环境，以培养能适应管理、服务第一线的应用型人才为主要目标的教学模式，是高职院校人才培养最为有效、最根本的方法。高等职业院校旅游教育具有以下优点：能为教学提供真实的职业环境，有助于解决校内实训设备不足、有实际工作经验的教师不足等许多实际问题，比较深入、真实地了解旅游业的需求，有利于培养适应旅游业发展需要的人才；能使学校的专业设置、培养方案、教学内容和实践环节更贴近社会发展的需要；能推动教师队伍建设，促进教师实践能力的提高。在积极参加行业协会和加强与旅游行政部门的沟通与联系的基础上，积极开拓校外实训、实习基地，选择管理规范且有一定带教能力的旅行社、旅游景区和高星级旅游饭店作为校外实训基地的试点，通过双方的合作、沟通、磨合，在相互了解、理念互认的基础上缔结"联姻"。目标是使院校和旅游企业通过实训基地的建设达到双赢。

五、建设一支高质量的"双师型"师资队伍

当前，旅游专业高职教师来源渠道主要有三条：一是从旅游专业毕业生中招聘。其专业理论基础坚实，基本具备当教师的条件，这是主要途径。二是建立兼职教师队伍。这个团队在校内教师队伍中起着辅助作用。目前，大多数高职旅游兼职教师大多为旅游专业在读研究生及其他高校在职教师。三是聘请旅游企业一线员工及领导，开展讲课、讲座，以实际经验为教学服务；通过继续教育使在职教师实现"转轨""双师型"。

高职教师要不断地充实和完善自己，在教学过程中发现自己的不足，找出差距，然后寻找适当的方法重新学习与锻炼。主要包括：强化职业教育基本技能、更新知识、拓宽知识面、加强教师的实践性锻炼，包括参加企业管理、校内外实习等。

"双师型"师资队伍建设是一项艰巨而又漫长的系统工程。"双师型"师资队伍建设主要包括：安排教师参加行业协会考试，取得从业资格证书；制定

鼓励政策，积极推进专业教师上岗；支持教师参与行业协会；改善教师工作环境，为"双师型"师资队伍建设提供条件。要进一步深化改革，完善管理体制，坚持"加快培养、积极引进、聘用结合"的方法，打造"双师型"师资队伍。另外，学校还要积极开展"走出去"活动，推动旅游专业教师走出去。洛桑饭店管理学院国际著名的教学特点，即注重理论联系实际，在世界各国已形成注重实践、注重专业技能培养的"洛桑模式"。

要使师资队伍建设达成预期目标，就必须建立师资队伍管理机制。要加强师资队伍建设，就必须深化学校人事制度改革，建立健全激励机制、政策导向、规范管理等方面的动态体系和调节方式，建立一套教师考核、继续教育、实习锻炼等管理体系。总而言之，这些方法互相支撑，相得益彰，才能促进师资队伍建设的良好运行。

六、建设一批实用的专业实训教材和本土化教材

旅游专业高等职业教育在培养目标、教学模式、教学内容等方面要具备自己的特点，这就需要旅游专业高职教材要独具特色。编撰实践教学材料应该成为旅游专业高职教材体系的重要组成部分和一大特色，而这也正是当前旅游专业教材建设的薄弱环节。

高职院校教材内容首先要突出专业化特色，以就业为导向，强化高职教育的实用性和适用范围；逻辑性与实用性紧密结合，注重实用性与理论性；与岗位专业技能紧密结合，突出可操作性和工作能力塑造；将经典案例有机结合，突出行业性和实质性；与现场实践活动紧密结合，体现创造力；传统与创新紧密结合，体现进步（包括内容上的进步和发展上的创新）；基础理论培训与课程实践紧密结合，体现基础理论与实际的及时性和紧密联系；同时，要考虑教材内容的目标，与高职院校学生的特点紧密结合，体现普及性、可读性和互动性；必须与旅游行业相关资质证书紧密结合，体现资质证书内容与教学内容的

一致性。实习教材内容包括实习目的、内容、技术重点和规范、安全操作规程和程序、常见问题等，比见习手册更丰富、更实用。它是见习培训的雏形，是见习教师进行具体指导的基础。实习实践教材的内容必须具有很强的形象性和可执行性，对技能实践具有直接的指导意义。根据实习的实践，学生必须能够快速掌握操作流程和控制规则。实习的考核必须采用独特的规范和方法。一般来说，必须有现场实际操作，注重学生操作技能的掌握及解决实际问题的能力。教材要明晰，要让学生明白考核的标准和要求。

按照专业定位和培养目标的要求，突破传统的以学科知识体系为基础开设课程，编制教材，并在教学方法上进行改革。各专业课要按行业需要和岗位需要来设置，应以就业为导向，以加强职业教育的应用性、适用性为目标，注重实践操作能力和职业素质的培养。要实现课程的整合，同时要做好各门课程内容的衔接，避免过多或不必要的重复，达到全面优化。

高职人才培养要立足于就业，着眼于培养高技能人才，坚持创新、改革、以人为本，体现新的课程体系、新的教学内容与方法（在实践中学习、在体验中成长）、教学手段、编写教材时要纠正老教材只注重知识点的偏颇，以提高学生整体素质为基础，以能力为本，兼顾职业知识教育、职业技能教育和职业素养教育。

尤其要指出，教材中要能够回答"如何做"与"怎么做"两个问题，对"为什么""从哪里来"这种问题根本不用讲，也不必在教材中加以体现。这个问题的关键就在于如何区分高职与本科教材。

高等职业教育教材应结合我国旅游职业群体的需要，在课程和大纲上进行调整，将职业资格标准所要求的知识、技能和能力纳入相应课程的教学大纲之中。教科书应当与最近由国家劳动和社会保障部颁布的《国家职业标准》衔接，把行业职业标准中规定的知识、技能和能力要求纳入教学材料，以方便学生参加和通过职业资格考试。

本地化教材的定位就是"立足本地，面向全国"。所以，作为地方院校应该结合当地的情况、实际、特点，多突出一些地区特色。教材编写应与行业、企业相结合，大力吸收相关行业或企业的实践者和"双师型"教师参与编写。

在教材中注重运用图表、表格、框、例题说明问题，适当增加课件教学内容。教科书的建设也要考虑教材、课件、案例等配套，体现整合。

从改革出发，将改革创新思想贯穿始终，体现创新，内容上要以横向结合为主，通专结合、以人为本、全面提高学生职业素质。

七、重视和开拓境外交流和国际合作

《中华人民共和国中外合作办学条例》规定，国家鼓励中外合作办学，引进国外优质教育资源，鼓励中国高等教育和职业教育领域合作办学，鼓励中国高等院校和国外著名高校联合办学。该条例的实施，为我国引进外资、学习国外先进教学模式、经营管理经验提供了政策支持。

倡导开放办学，加强国际交流与合作。重视培养学生的国际性观念和良好的人文素养，在教学内容上拓展学生的国际视野，使他们不仅要提高外语水平，还应熟悉有关国际贸易、管理、金融等领域的法律法规和发展动态。

对我国高职教育目前所取得的成就总结如下：一是高职院校实现了跨越性的发展，高职教育已成为我国高等教育发展的一个新的增长点，也是我国职业教育发展中的一个新亮点；二是在改革中取得突破，走出一条有中国特色的高等职业教育发展之路。高职教育虽仍存在诸多困难和不少问题，但经过不断的努力，发展方向已经很明确，前进的目标也很明确。事实证明，我们完全可以创造出一套有自己特色的制度，走一条富有中国特色的高职教育发展道路。

相信在学习和借鉴他人经验的基础上，经过扎实而有效的探索与实践，一定能够建构出适合中国新时期的高职旅游教育人才培养模式。

第四章　高职旅游专业的国际化发展

第一节　国际化旅游发展对人力资源的要求

一、现代旅游业对人力资源的要求

（一）对人力资源的认识

资源是人类赖以生存的物质基础。不同角度对资源有不同的理解。从经济学的角度来看，资源可以给人们带来使用价值，这是客观存在的。从创造财富的角度来看，资源是社会财富的来源，是生产过程中放置的所有要素，是创造财富的材料。

不同的学者对人力资源管理有不同的观点。他们根据技能、研究和经验来定义人力资源管理。根据爱德华·弗利颇的说法，"人力资源管理是指对人力资源的采购、开发、薪酬、整合、维护和分离进行规划、组织、指导、控制，最终实现个人、组织和社会目标"。莱昂·梅金森将人力资源定义为"组织劳动力的全部知识、技能、创造能力、才能，以及所涉及的个人的价值、态度和信仰"。

早期的人事管理部门被认为是一个有组织的人力资源部门，处理大多数与员工相关的活动，即招聘、培训、员工福利等都由他们在组织中执行。人力资源的进化始于 18 世纪的欧洲。它起源于工业革命前后查尔斯·巴贝奇和罗伯特·欧文的一个基本思想。它存在于工会、人际关系和工业革命的各个阶段。这是一种先进的方法，员工在组织中受到重视。人力资源管理的引入废除了雇用和解雇政策以及组织人事经理的专制管理。人力资源管理在员工中树立了人力资源部门的正面形象。此外，它还允许他们发表对组织的政策和决策的意见和看法。它培养员工的忠诚度和信任度，并鼓励他们充分发挥潜力。

如今，人力资源专业部门作为战略业务伙伴发挥作用。它涉及劳动力战略的发展及其实施，以实现行业的竞争目标。今天的人力资源部门积极主动，投身于员工参与和赋权，以从他们的能力中获得最佳结果。雄心勃勃和创新的人力资源战略提高了组织成长能力。简而言之，人力资源管理是非常简洁和具有前瞻性的，以最大限度地利用、组织人力资源。

（二）现代旅游产业的重要性

旅游业是世界上发展最快的产业之一，也是许多国家的主要外汇来源。这是最显著的经济和社会现象之一。根据世贸组织规定，"旅游业包括人们为了休闲、商务和其他目的在通常环境以外的地方旅行和停留连续不超过一年的活动"。罗马会议 1963 年的《旅游论》将旅游定义为"去一个不是自己的国家或一个人通常居住和工作的地方"。然而，这一定义没有考虑到国内旅游业，而国内旅游业已经成为酒店业重要的资金来源。根据英国旅游协会规定，"旅游是指人们在他们通常生活、工作的地方之外向目的地的临时短期流动；以及他们在这些目的地逗留期间的活动"。这个定义包括各种目的的人员流动。现代旅游一般被认为是依靠旅游资源和旅游设施来满足游客需求的综合性产业。旅游资源、旅游设施、旅游服务是现代旅游管理的三大要素。中国文化和旅游部根据旅游卫星账户分类提出旅游核心产业概念，结合中国现实，认为旅游核心产业包括酒店产业、旅行代理业、名胜与旅游车辆和海运公司。旅游业根据旅行的目的可分为六个不同的类别。一是娱乐：娱乐或休闲旅游让一个人远离单调的日常生活。在这种情况下，人们在小山、海滩等地方度过闲暇时间；二是文化：文化旅游满足人们文化和知识上的好奇心，包括参观古代遗迹、具有历史或宗教意义的地方等；三是运动 / 冒险：人们为了打高尔夫球、滑雪和徒步旅行而进行的旅行属于这一类；四是健康：在这一类别下，人们旅行是为了医疗、治疗或参观有治愈可能的地方，如温泉、水疗、瑜伽等；五是会议旅游：它正成为旅行中越来越重要的组成部分。人们在国内或海外旅行，参加与其业务、职业或兴趣相关的会议；六是奖励旅游：假日旅行是公司向达成高销售目标的经销商和销售人员提供的激励措施。这是旅游业中一个新的和不断扩大的现象，即以旅游代替现金奖励或礼物。

（三）人力资源在现代旅游产业链中的价值

不同于农业和产业，旅游是由其产品共同提供的，由住宿设施、餐饮、交通工具、零售业等产业构成，并没有一个明确的分界线。所以，许多国家或地区的国民经济统计并未以"旅游业"为统计口径指标，我国《统计年鉴》中也只有"国际旅游"这一要素的统计，并未将其作为一个行业进行统计。

旅游业作为一种社会经济现象，包括游客和来访者离开其家乡环境的活动和经历，由旅游和相关联产业以及目的地提供服务。这种活动体验和服务的总和可以看作一种旅游产品。旅游系统可以用供给和需求来描述。旅游规划应力求供需平衡。这不仅需要了解市场特征和趋势，还需要了解满足市场需求的规划流程。

旅游业可以通过以下方式促进一个国家的经济增长：一是创造就业机会。它在直接服务提供商中创造了大量就业机会（例如酒店餐馆、旅行社、包价旅游承办商和导游等）和间接服务提供者；二是基础设施发展。旅游业刺激基础设施发展。为了成为一个重要的商业或娱乐目的地，需要有必要的基础设施，如铁路、公路和航空运输的良好连接，充足的住宿和餐馆、发达的电信网络以及医疗设施等；三是外汇。去其他国家旅行的人在住宿、交通、观光、购物等方面花费了大量的金钱。因此，入境游客是各国的重要外汇来源。

（四）现代旅游业对人力资源队伍的总体要求

根据现代旅游中自然和产业的构成，服务是通过现代旅游产业链的整个过程来实行的，服务的实施和传递离不开员工。在某种程度上，员工是旅游服务的主要载体。在当今社会，科技不断发展，迅速影响人们的生活，渗透到旅游等社会的各个领域。但是，机械和技术不能完全替代旅游服务业，游客需要更高的接触、更高的体贴和人性化的服务。人力资源是现代旅游中最值得关注和开发的"第一资源"。

1. 可竞争性

人力资源作为旅游业的核心竞争力，将员工视为最重要的财富，强调所有员工的智慧和力量的集中，不断创新产品和服务，通过展示他们的智慧、技术和创造性的活动，可以抵抗外部的竞争。人力资源团队拥有勇气和能力，是获得可持续利益的推动力。

2. 可学习性

作为最有活力的行业，旅游业发展速度令人吃惊。为了适应和维持现代旅游业的发展，一方面，人力资源团队必须不断接受新事物，补充年轻人，增加团队的活力。另一方面，需要建立一个系统的人才培养机构，以扩充和扩展人力资源的知识和技能。要实现这两个方面，人力资源团队必须有学习、提高新知识和技能、获得的欲望和能力。

3. 可激励性

哈佛大学的威廉·詹姆斯发现，当没有科学有效的奖励时，人们只能发挥自己能力的 20%~30%，有效的诱因机制可以使员工发挥 80%~90% 的能力。找到员工需求和有效的激励机制是现代管理中最重要的手段之一。现代旅游行业中年轻人在个人需求和可获得的激励机制之间存在矛盾。为了解决这个问题，公司必须仔细研究和分析员工的需求，建立合理的激励机制，同时引导员工调整心态。事实表明，没有普适性的激励机制，认同企业的价值取向是企业人力资源的先决条件之一。

4. 可变革性

从产业特点来看，旅游业具有较强的脆弱性，主要受自然因素、政治因素和经济因素的影响。旅游业非常容易受到气候变化的影响，因为天气和旅游之间有很强的因果关系。但面对不断变化的气候，它显示出更强的复原力。旅游人力资源必须能够适应外部环境的变化和随后公司内的变化，并能满足公司内部和外部环境变化的需要，必须随时调整自己的思想和知识结构，永远与行业和公司发展保持同步。

5. 可凝聚性

未来相当长的时间内，现代旅游业仍然具有劳动密集型产业的特点。尤其需要人力资源团队能以共同的价值观组织起来，形成顾全大局、服从组织、团结协作、重交流、互相支持的统一体。企业有向心力、凝聚力，员工有集体的荣誉感和归属感。

6. 可延续性

旅游业是人与人之间高度流动的产业，其人力资源始终在不断地流动、调整、再配置中。人才迅速流动，就需要人力资源部门对各级职位及时补充，才能使工作持续、有序。人才储备与适时补充人才，是现代旅游行业人才队伍建设必须着重考虑的问题之一。

二、人力资源是国际化旅游发展的动力源泉

（一）国际化旅游的概念

过去十年，国际旅游业持续增长，但是，除了一些较小的、依赖旅游业的发展中经济体，旅游业仍然由国内游客主导。尽管由于国际旅游业对出口收入的贡献，各国往往将重点放在不断增长的国际旅游业上，但报告强调，国内市场是区域经济增长和发展的主体，可以得到政府政策和投资的支持。正如就国际旅游而言，中国已成为最重要的出境旅游来源，拥有庞大人口的中国在过去十年也已成为最大的国内旅游市场。中产阶级收入家庭的快速增长一直是国内旅游的重要驱动力，尤其是在亚太地区。人均国内生产总值的增长与国内消费相关；各国的表现差异很大，反映出每个国家旅游

部门的成熟程度不同、收入水平不同、基础设施发展以及地缘政治和经济状况不同。国内旅游是指一个国家的居民在国内的旅游活动。由于国内游客不跨越任何国际边界，他们不需要办理签证或护照；他们也不需要把钱兑换成不同的货币。许多人在假期参观他们国家的不同地方。与较小的国家相比，国内旅游业在印度和美国等大国有更大的发展空间。旅游的持续时间也可能有所不同，国内游客可能只花一天或几天时间旅游。国内旅游业并没有为国家创造额外的收入，但它促进了当地的商业和经济发展，并将资金重新分配到一个新的领域。它还创造了新的就业机会；让游客有机会更多地了解自己国家的文化和历史。国内游客的旅游过程会更容易，因为他们更了解传统、习俗、规则、礼仪等。

国际旅游是指跨越国界的旅游活动。例如，一些中国游客参观里约热内卢。由于这些游客要跨越国际边界，他们必须携带护照和签证，并将他们的钱兑换成当地货币。一个国际游客可能会觉得当地文化陌生又新鲜，因为他或她对一个国家的传统、礼仪和规则只有基本的了解。例如，某些手势在特定地区可能被认为是粗鲁的，或者某种穿衣方式在特定文化中可能被认为是不礼貌的。因此，国际游客可能会面临一些不舒服的情况。国际旅游可以进一步分为两种类型，即入境旅游和出境旅游。入境旅游是指外国人访问一个国家，出境旅游是指该国居民访问另一个国家。比如一个印度人去法国旅游，从法国的角度来看可以认为是入境旅游，但从印度的角度来看是出境旅游。入境旅游可以影响一个国家的财富，因为它会给这个国家带来额外的收入。

（二）人力资源是旅游发展的第一资源

鉴于旅游业作为顶级出口部门和就业创造者的地位，世旅组织主张需要负责任的增长。因此，旅游业在全球发展政策中占有核心地位，随着"行动十年"的展开，旅游业有机会获得进一步的政治认可并产生真正的影响。在全球经济放缓的背景下，旅游支出继续增长，尤其是在世界十大支出者中。中国是全球最大的客源市场，2019 年上半年出境游增长了 14%，尽管支出下降了 4%。国际旅游人才的培养与优化旅游人才的结构和形成核心竞争力有关。

20 世纪 60 年代初期，美国经济学家施尔茨指出，对于现代经济来说，改善人类的知识、能力和健康等人力资本比物质资本的增加在经济增长中起着更重要的作用。劳动者具体化的人力资本是经济成长的主要原因。为了在科学发展观的指导下持续发展，我国旅游业必须充分认识到，今天的人类知识将资本、土地、自然景观资源、文化景观资源作为生产的直接因素来替代，刺激自律性。人力资源的主导性和创造性，依靠人力资源的智慧劳动，旅游业将踏上循环经济良性开发的轨道。旅游资源的开发和利用是旅游开发的基础，相关人才的培养和利用程度决定了旅游资源开发的幅度和深度。

（三）人力资源能力建设是发展国际化旅游的保证

国际旅游的核心是树立独具魅力的国家旅游形象，打造独具魅力的国际旅游品牌，在世界各地满足游客的精神需求。国际旅游的发展有两个主要方面：一方面，通过展示美丽的自然风光和灿烂的文化魅力来吸引世界各地的游客，保证游客在旅游过程中的平等、文明和热情；另一方面，人们在条件充许的情况下到另外一个国家或地区享受山川美景，感受不同文化，加强我们对世界文化的相互了解，鼓励出国旅游，共享属于所有人类的物质和精神遗物。

在国际旅游的发展中，不同文化间的交流是最普遍的活动之一。人们作为最积极的文化载体，特别是人类资源，受到旅游胜地的接待，直接反映了国家或地区的现代化水平。而且，发展中国家把国际旅游视为经济全球化的缩影。另外，世界性的旅游合作活动非常活跃，而国际游客的竞争也越来越激烈。为了在国际旅游竞争中取得主动权，中国急需国际旅游人才队伍。目前，中国旅游人才的结构矛盾主要反映在专业结构、知识结构、层次结构、年龄结构、区域分布的不合理性。为了发展国际旅游，不仅要解决上述矛盾，还应着眼于培养国际旅游所需的人才培养能力、实践能力和创新能力。在国际旅游人才培养中，创新能力是核心内容，也是旅游人才培养的重要内容。

三、国际化旅游人力资源开发的核心是国际化旅游人才

全球化和旅游业相互依赖。今天，由于全球化，来自世界各地的人们可以轻松地交流思想和价值观，无论是政治、环境、技术、文化还是经济背景。因此，这种交流使得大量的知识在世界人民之间流通。不管语言、宗教或文化差异如何，人们现在可以更方便地相互理解，这极大地促进了旅游业的发展。全球化带来的人口流动极大地影响了旅游业。一个国家的就业率和平均收入指数越高，其产生的旅游者数量就越高。今天，世界各地不同的景点比以往任何时候都看到更多的中国、日本和其他亚洲游客。为什么这样？因为他们现在有旅行的资本，再加上现在大多数亚洲员工都有带薪休假。

全球化对旅游业的影响主要体现在以下两个方面：一方面，全球流动性增加。全球化使得环游世界变得更加容易。有更便宜的航班，翻译公司在各地开设办事处，世界各地都有国际信用卡公司，兑换货币比历史上任何时候都更容易、更方便。这在很大程度上帮助了旅游业；另一方面，信息的自由流动。全球化使得旅游爱好者在作出旅游决定之前，很容易发现隐藏的旅游目的地，了解不同的文化。面对知识经济时代的人才竞争，发达国家为了支援发展中国家的发展，集中更多的高端人才，不仅扩大留学生的入学规模，还打开了就业市场，直接从海外移居跨国公司的战略布局和全球投资寻求形成一个开放机制，以促进高级专家的流动。因此，国际旅游人才的研究重点是培养、开发、利用、管理高端人才的培养和团队建设。

（一）国际化旅游人才的构成

1.国际化旅游公共管理人才

旅游业的现代化、国际化，要求政府部门的度假旅游公用事业管理单位拥有一批具有国际化管理能力、了解商务旅游经营标准、能够跨文化交流的现代

度假旅游公用事业管理人才。这些旅游管理专业人才要具备良好的思维素质和个人心理素质，具有一定的国际背景、国际视野和时间观念，灵活运用至少一门外语，了解度假旅游的惯例和标准，对旅游业的现状有深刻的了解，具有依法行政的工作能力和创造性的工作能力，能够将自己的理解、专业知识和专业技能运用到旅游公共商务管理和公共文化服务的发展中。

2. 国际化旅游企业经营管理人才

国际旅游企业管理人才要具备战略眼光，有积极参加国际旅游的竞争意识，对国际旅游市场的变化有敏锐的洞察力。必须熟悉国际经营与国际合作的战略模式，并掌握国际通用的管理方法和管理机制，面对当今世界复杂多变的商业环境，要有正确判断和应对的能力。还需要及时发现和捕捉新技术，并有效地应用于旅游事业的运营和管理。使企业可以在经济全球化竞争中保持强大的生存能力和开发能力，追求核心竞争力的领导能力。

3. 国际化旅游专业技术人才

国际化旅游专业技术人才必须具备独立知识产权运用能力。旅游业的电子商务和旅游业的事业技术，随着世界旅游文化和旅游经济的发展，可以开发旅游资源，实行旅游市场的开发，进行创造性的探索和实践。对旅游消费行为的研究和旅游服务流程的规划，在相关领域占据了较高的指令，成为国内和国际旅游行业具有一定影响的人才。

4. 国际化旅游教育人才

因培养全世界的高级酒店管理人才而出名的康奈尔大学，设定了"将21世纪的服务行业的领导面向世界进行训练"的目标。国际化是旅游教育的发展趋势，旅游教育的国际化与国际旅游教育人才是分不开的。国际旅游教育人才主要是指能够参加高等教育领域的专业课程、教师交流、学术交流、共同研究的国际化教师。具体来说，国际旅游教育的教科书可以直接使用国外原创的旅游教科书，或者为了培养学生在国际多样化的环境中生存的能力必须引用相似的外国教科书和最新外国研究结果的内容；通过与教师的交流，国际旅游教育人才有义务参加国际学术交流与合作研究，不仅要为国际先进的教育理念、学术创意和教育规律提供手段，还要负责推广中国旅游文化。对于国际旅游教育人才来说，这是一种拓宽视野，把握国际旅游开发的脉搏，提高旅游学术研究水平，强调中国旅游国际形象的有效方法。

（二）国际化旅游人才的基本特点

1. 具有广阔的国际视野

由于各国政府机构的参与，商务旅游对国际政治的影响很大。国际休闲活动中的许多重大问题基本上由政府机构处理，如签署各种国际度假旅游协议、水路协议、航空货运协议、移民投资和中国海关手续以及维护中国公民的人身安全、财务安全和合法权益等，均由中国政府有关部门协商确定。因此，现代旅游人才的国际化视野不仅包括行业或行业内的整体布局，还包括对最前沿信息和发展趋势的进一步把握，以及国际旅游发展的规律性。

2. 具有创新精神和创新能力

度假旅游是国际旅游的主题活动，具有重要的功能和效果。度假旅游可以激发文化艺术感知力和审美直觉的恢复，让人们体验到长远而崇高的实用理念、文化艺术享受。当今旅游业发展的现状是，该领域的年轻人与休闲活动的不断增长并存。因此，"自主创新"不仅是假日旅游客户的诉求，也是旅游业的必然选择。现代度假旅游法规将旅游产品融入世界自然环境，接受客户的建议和点评，自主创新的需求更加严格和迫切。

从理论上讲，自主创新是一项弃旧创新的原创主题活动。创新意识是敢于摒弃传统观念和旧事物，创造新思想、新事物的精神实质，即在实践活动的发展中产生新的知识、创造新的主题活动形式和构建新的理论框架的精神实质。同时，创新意识必须建立在遵循客观现实的前提下。只有创新意识符合客观现实，才能顺利转化为创新成果，成为经济发展的动力；创新意识崇尚新颖性和独特性，但也受制于一定的道德观念、价值观和审美观念。

自主创新能力是每个人创新创造新事物的能力。它包括在处理问题的过程中发现问题、分析问题、发现矛盾、明确假设、讨论假设、解决困难以及进一步发现新问题，进而不断推动未来发展变化等。自主创新能力的主要组成部分是创新意识、创新思维能力和职业素质。创新意识决定自主创新方向，创新思维能力决定自主创新完成度和水平，职业素养是自主创新的基础。

旅游发展的独立性表现在很多方面。其中，现代旅游人才必须应对：一是现代度假旅游具有较大的跨地域、跨文化的交流。这使得旅游开发经营本身就蕴含着较高的开放性、外向性和全方位的竞争性。在现代信息技术社会经济发展的日常生活中，旅游业的发展更容易受到诸多元素的干扰，变化无常。因此，现代旅游人才的创新逻辑思维不可或缺。二是国际化旅游的多样性和综合性。在未来的发展趋势中，国际化旅游将不断拓展产业链。从传统的旅行社、餐饮、度假旅游到引人入驻，整个产业链将逐步拉长，上下游产业链有迹可循，中下游产业链不断拓宽，产生完整的产业集群，并与度假旅游东道主国家（地区）的社会发展产生多层次联系。这就规定了现代旅游人才必须能够在各个阶段与国际社会保持和谐，从世界的角度对各个领域的资源进行升级和统筹，也要求现代旅游人才具备符合中国相关政策和世界相关产业发展的相关政策。基本上，我们正朝着新型假日旅游产品的开发和设计，拓展新型旅游销售市场的整体理念和创新意识。

3. 在跨国环境中熟悉、尊重有关国家和地区的文化

许多企业在选择与外界进行公开沟通和交流的员工时，往往以技术专长作为选拔任用的依据，而忽略了对文化面貌的考察。英国专家学者 R. 韦恩·蒙迪和罗伯特·M. 诺埃在讨论了许多英国雇员在海外工作不成功的例子后强调，他们能否对当地文化艺术保持良好的敏感性和协调能力，是一个需要考虑的因素。在海外自然环境工作中，在国际商务活动中，理解企业文化的意识形

态和价值取向及其社会需求的差异是最困难的，同时也是最重要的要素之一。旅游业也不例外，了解相关国家和地区的企业文化是现代旅游人才培养的重要起点。

实际上，现代旅游人才应该对相关国家和地区的历史和文明有深入的了解，了解相关国家和地区的社会发展和产业发展水平，能够用当地语言完成沟通交流，关注不同的生活态度和社会面貌。在海外自然环境中，度假旅游所涉及的文化冲突不仅限于语言表达，还包括时间、室内空间数据、艺术审美、食物偏好等。比如从一些国家来看，50 年以上的建筑都可以算是历史遗迹，不可以拆除，不会被取而代之的。肯德基之前想在法国巴黎一栋拥有 180 年历史的建筑里开一家餐厅，因为毕加索和其他一些著名画家之前曾在那里作过画。法国巴黎群众声称，这样的大城市历史时代革命圣地不能"入侵"，肯德基的计划最终落空了。

4. 具有较强的跨文化沟通能力

交流是人们生活中必不可缺少的一部分。现代社会的特点是来自不同国家和不同地区的人们的广泛互动。边界缩小了，人们不仅开始访问邻近地区，还飞越海洋，了解不同的文化，获得新的体验。然而，尽管在跨越距离方面实现了这种自由，但人们在跨文化交流方面仍然存在困难，因为历史、社会、地理和许多其他因素，造成了每个国家的社会特性。幸运的是，人们已经开始考虑这个问题，也必定有很多方法来解决这个问题。我国的旅游人才应该具有较强的跨文化沟通能力。

不同的国家对礼貌有不同的理解。例如，在进入房间之前先敲门，但美国人不认为这是礼貌的，反而是不合适的。不同的人看待问题的方式都有不同的态度，不同国家和地区的文化中存在许多细微或显著的特点，这可能会导致误解。旅游人才应该了解一些生活在那个国家的人的文化特点和细节，并尽量遵循他们的传统，或者至少尽量避免违反主要的文化规则或传统。作为现代旅游人才，即使能灵活运用一门外语或几门外语，如果不了解不同地域游客习以为常的文化艺术，在跨文化交际方面也达不到标准。

　　现代旅游人才的跨文化交流与协调能力，是指对旅游文化特点的基本认识和对目的地社会文化的了解，有效运用基本的语言和非语言沟通方法。

第二节 国际化旅游教育的开发

一、国际化旅游高等教育的概念及特点

（一）国际化旅游高等教育的概念

在过去的 30~40 年里，高等教育的国际化已经从改革议程的一个边缘方面发展成为一个关键方面。它也朝着不同的方向发展，国际化需要应对这些挑战和目标。大学的研究、教学和对社会的服务一直具有国际性，但总体而言，这些国际性更具临时性、分散性和隐含性，而不是显性的。国际化成为高等教育的一个关键变革因素，在发达国家如此，在转型民主国家和发展中国家也是如此。

基于以上表述，度假旅游高职教育现代化也可以理解为度假旅游高职教育走向国际化的发展趋势和全过程。这一认识侧重于度假旅游文化教育全球化的进程和发展趋势。度假旅游高职教育的现代内容是多元的，除了各种交流合作之外，还有度假旅游文化教育理念的现代化和经济全球化。

（二）国际化旅游高等教育的必要性

1.国际化旅游高等教育事关本土旅游教育机构的生存发展

世贸组织成员国拥有同样的控制权。涉外旅游文化教育培训学校有权根据当地法律、法规和现行政策开设旅游文化教育培训学校。非自主创新能力造就的优秀人才不能满足现代旅游经济发展的要求，产业将不得不向世界其他国家的学校和培训学校转型。这势必会增加大学生就业的难度系数，从而增加度假旅游学校的招生难度。最终，学校难以生存。相反，需要融入国际旅游经济学

专业，培养以中国和海外旅游岗位为培养计划的应用型人才。在教师培训内容、课堂教学实践活动、科学研究、国际交流等方面，只有与国际优质的旅游文化教育接轨，才能推进旅游文化教育稳步发展。

2. 国际化旅游高等教育：一种互利双赢的模式

让当地度假旅游教育培训机构与海外教育培训机构合作，外国教育培训机构可以在当地生存，一方面，可以让各类度假旅游文教需求者不出国门，以较低的成本感受国外优质的度假旅游教学资源，减少各种文化习惯下的工作、生活适应时间。缩短现代旅游人才培养周期，使国际旅游人才流动更加顺畅，更容易被其他文化特征所接受；另一方面，它可以增加货物贸易和增加税收，允许本地和海外教育培训机构在本地或海外开展合作，可以扩大文教市场份额，实现互利共赢。

出国留学可以为学生提供国际视野，创造许多与国外合作的机会。有利于文化艺术的多元化、多种族的人文精神、学术研究和生态环境保护的兴起。这种自然环境使高职院校成为新意识、新思想、新方法的集中地。不同的思维方式在这里得到补充和更新，不同的自主创新理念在这里有一个突出的提升，不同的研究思路在这里获得全面的自主创新，促进了一大批具有自主创新能力的高素质、一流的人才在这里得到培养、塑造和提升。

英国著名社会学家、思想家吉登斯在中山大学的一次研讨会上表示，在强调国家竞争力的同时，必须对人进行投资，并不仅仅是在就业上，还在人才质量上。投资于人力资源技术和素质，是维持旅游产业高水平可持续发展的基础。

3. 国际化旅游高等教育是可持续性旅游教育发展的需要

"可持续"的定义是由全球环境与发展委员会明确提出和传播的。著名的《我们共同的未来》报道称，可持续发展趋势是指在不损害未来人们需求的情况下，能够满足当今要求的开发和设计。度假旅游类高职教育能否完成可持续发展的趋势，很大程度上在于塑造的各类大学毕业生是否适用、符合世界各国的行业要求和研发水平。高等职业教育资源，如地方、区域和全球层面的职业咨询、统筹、学习与培训、新项目科研服务项目等。要完成度假旅游高职教育可持续发展理念，没有现代精准定位，没有国际公认的教研服务标准和主要对策，结果难以预料。

（三）国际化旅游高等教育的特点

以香港理工大学酒店餐饮及旅游发展经济学院为例，总结了现代度假旅游高职教育的主要特点。

香港理工大学酒店及旅游管理学院成立于1998年，旨在满足香港和亚洲旅游业的人才需求，培养能够深刻理解国际趋势的企业家和领导者，为酒店业、旅游业和房地产业带来创新。该学院独特的课程整合了战略商业教育，重点是酒店和房地产，在理论和实践之间提供了理想的平衡。

目前，香港理工大学酒店及旅游管理学院已经发展成亚洲最大的酒店和旅游学校之一，并跻身于世界顶级酒店和旅游学校之列。该学院有来自21个国家和地区的70多名学者为学院提供从本科到博士学位的教育课程。所有世界级的学术研究人员都拥有酒店或旅游行业的管理经验，这是提供实用和专业商业教育的教育项目中的一项重要素质。该学院开创性的教学和研究酒店，以及转变酒店和旅游教育模式的一个重要方面：学院正在推进教学、学习和研究，并激励新一代充满激情、开拓性的专业人士担任酒店和旅游行业的领导者。该学院正从追求酒店和旅游教育的愿景走向成为真正的全球偶像。

根据香港理工大学酒店及旅游管理学院的上述资料，理想化的现代度假旅游高等职业教育的特点可以概括为以下几个层次：具有现代发展趋势和精准定位；国际学生和外教比例高；博士生教师比例高，行业管理经验丰富多样；重视课程评价，提供以社会需求为导向、前沿、最新的管理方法和技术培训内容；重视教学水平，引入商务旅游教育质量评估管理体系；为公共和私人组织提供职位；作为高质量的国际学术期刊，为政府机构提供社会政策科学研究应用；增加国际官方网站、社会团体和科研机构，担任高级官员，参加会议，组织日常会议服务；世界一流的优秀教师队伍；教师兼职管理和控制全球、区域和地方度假旅游组织和顾问；度假旅游文化教育享有盛誉，已成为或正在成为国际性、区域性、地方性的度假旅游教育学校。以上可以作为评判度假旅游教育培训机构现代化水平的标准。

二、我国旅游职业教育创新的思考

（一）更新职业教育观念

随着商品经济管理日益精细化和层次化，旅游酒店、旅游交通、旅游代理及旅游产品、科研、项目策划、管理方式、制造、服务项目等各岗位都需要人才，因此度假旅游类高职院校肩负着改革创新和烦琐的人才培养重任。院校要拓宽观念，排除后顾之忧，从更高层次、更大范围考虑度假旅游高职教育的发展趋势，充分确立度假旅游高职教育在整个度假旅游教育中的特色、功效和影响，激发各领域活力，运用多种资源开创高职度假旅游教育新局面。

酒店与旅游类高等职业教育是与高等教育不同的责任管理体制，有不同的培养计划和教育模式。高职院校要转变思维，发展自己的特色。高等职业教育是针对岗位或岗位群体的职业技能和文化教育。而且工作岗位也在不断变化，不断更新。只有高职教育符合岗位要求，突出岗位技能，才能够符合现代旅游业的需求。

高职旅游院校应结合各地旅游业的发展情况，找准学校在区域经济和产业发展中的定位，培养适应社会经济建设需求、遵守职业道德的应用型人才。各类专业的设置也应结合社会经济建设需要，培养社会经济建设所需技能、应用型人才。

（二）优化课程体系，突出实践教学环节

应对就业压力的基本手段是专业设置必须满足销售市场。根据学生就业需求，对旅游类高职教育课程进行升级整合。公共技术服务平台学科以基础知识、能力和素养塑造为导向，以课程内容系统化开发为导向，促进融合，注重新技术、新工艺、新设施的运用，以及工作技能、外语和计算机技术工作能力的塑造；专业方向的课程内容侧重实践能力和技能的塑造，学科要与旅游工作岗位规范紧密结合，将职业资格评估纳入教学工作计划，以功能控制模块技术打造功能性专业课程设置，突出学生专业技能实践，将专业教育与工作岗位对接，实现学以致用，理论与实践共存。

旅游业职业教育要求理论教学和实践教学相互渗透，根据旅游业岗位群的需要确定实用、有效的实践教学内容。现阶段，高职教育资源配置的重点应放在学生置换的教学过程中。综合实践课程体系的前端必须模拟真实的实践环境，打造实践模拟管理体系，让学生在一定的环境中停留，接受系统、规范的专业技能实践。实践活动产业基地应将真实企业引入综合实践课程管理系统。根据专业能力塑造循环系统层次的规律性，充分发挥公司的实效，让学员实地体验，生产综合实践课程体系的所有终端设备。通过实践，让学生了解真实的工作职责，了解真实的社会发展。

校外实践教学中心的基础建设有利于产学研紧密联系，让学生身临其境，有针对性地指导学生学习。许多高职院校都设在旅游胜地，旅游资源众多，旅游企业众多，为高职院校实践中心的建立和旅游管理专业的快速发展带来了更好的外部标准。高职院校应利用这一优势，与旅游企业建立深层次联系，实施综合性实践课程。因此，旅游院校应着力打造专业和精品课程，在专业群中发挥主导作用，在课程、师资、教材、实践基地等方面进行全面建设，真正形成高质量的教学资源群。

（三）专业师资素质结构升级

　　根据高职旅游教育的优势和特点，对教师的需求不仅是具有高学历和高技术职称，更重要的是要有丰富的旅游业相关工作经验，这样才能更好地发挥和把握该领域的优势和岗位能力要求，更敏锐地把握行业发展的趋势和脉搏，让课堂教学更生动、更具体。现阶段，不少学校注重"双师型"师资队伍的基础建设，一方面可以引进或聘请该领域的知名人才任教，另一方面可以提高现有教师的学习和专业技术培训。

　　在法国等一些国家，在高职院校从事文化教育的教师，除博士研究生外，还需要有五年以上的专业工作经验。在中国，现阶段旅游高职院校的教师队伍的中坚力量是高等院校的研究生、大学毕业生及其转校教师。基本上都在大学毕业后直接任教，没有旅游职位的在职工作经验。针对这种情况，不同层次人才培养的旅游学校需要遵循各自人才培养方向的规定，实施特色突出。校方可以定期安排教师到旅游企业挂职，并前往相关政府部门，了解各项方针政策和当地经济发展情况。实施这几项举措，既能开阔教师的眼界，又能提高理论与实践相结合的能力，提高教学质量。

　　提高"双师型"旅游院校教师队伍基本理论和实践活动的工作能力，提高教师科研能力，并提高旅游学校在教师培训上的动力储备，解决教育水平较差的问题。逐步培养出科研带头人及其有效的科研人才梯队，进一步为各级旅游学校"品牌"人才的培养和发展战略提供支持。

　　人才培养层次不一的旅游学校也要积极到当地旅游企业"挖墙脚"，聘请一些曾在公司任职的管理人员到学校讲课。公司里的这种老师，教学很有特色，能把该领域的最新消息带入课堂教学。

第三节　旅游高校国际合作办学模式

一、相关概念界定

（一）国际合作办学的主要类型

在中国的教育体制下，中外合作办学有三大类。这三大类包括：作为独立法人实体建立的联合机构；在现有中国机构内或附属于现有中国机构的没有独立法人的机构；联合教育项目。这些项目中的每一个都需要获得中国相关教育机构（当地教育局、省教育厅、省人民政府或教育部）的批准。申请是通过中国合作伙伴提出的。

从中国教育部的角度来看，中外合作办学在很大程度上是关于中国教育体系的能力建设。迄今为止，大多数作为独立法人实体合作建立联合机构的中国机构在国际中的排名都明显低于其外国合作伙伴。作为一种能力建设，这种类型的教育合作涉及系统地引入教育资源，包括教师、教师发展、课程、评估和学生支持。学生的学费是基于合作办学机构和项目的运行成本，而不是为了盈利。除了这些正式批准的项目外，大量外国教育提供商也与中国教育机构合作运营发展项目，这些项目不需要教育当局的正式批准。

1. 中外合作办学机构

外国教育提供者可以在中国建立联合教育机构，主要向中国学生提供教育服务。这些包括两种不同类型的联合机构：一是作为独立法人实体建立的联合机构是中国的机构，能够凭借自己的权利签署具有法律约束力的协议。目前有八所经批准的本科及以上级别的这类联合机构（目前没有澳大利亚机构建立这样的机构）。最近的独立法人实体是浙江省的温州——肯恩大学，汇集了来自中国的温州大学和来自美国的肯恩大学。对于这些本科及以上级别的联合机构，中方合伙人向省教育厅提交申请，省教育厅对申请进行审核并提出初步意见后，向省人民政府提交。省人民政府对申请进行审查并提出意见，然后提交教育部。教育部审查申请并作出决定。如果批准，教育部颁发《中外合作办学许可证》。如果申请未获批准，教育部会以书面形式说明理由。

二是不具有独立法人地位的联合机构（这意味着主办的中国机构必须代表该机构签署具有法律约束力的协议）建立在现有的中国机构内部或附属于现有的中国机构。也被称为"校园对校园"模式，这些机构提供许多不同的课程。三所中澳联合教育机构（涉及莫纳什大学、维多利亚大学和悉尼理工大学）均为不具有独立法人地位的联合院校。这些本科及以上级别机构的批准程序与作为独立法人实体设立的联合机构相同。对于在没有法律地位的情况下建立的联合机构，申请提交给省教育厅，省教育厅对申请进行审查并提出意见，然后提交给省人民政府。省人民政府审查申请并作出决定。批准的，省人民政府将批准的申请提交教育部登记。教育部对批准的申请进行登记，并颁发《中外合作办学许可证》。不予批准的，由省人民政府书面说明理由。对于在没有法律地位的情况下建立的联合机构高中教育、基础教育和非高等教育机构，申请提交给当地教育局进行评估。当地教育局对申请进行审查并提出意见，然后提交给省教育厅。省教育厅审查申请并作出决定。如果申请获得批准，省教育厅将批准的申请提交教育部登记。教育部对批准的申请进行登记，并颁发《中外合作办学许可证》。申请未获批准的，由省教育厅书面说明理由。

中外办学主要具有以下优势：一方面，学生不需要出国留学，在国内就可以了解自己需要的海外院校的内容。这种情况都是高校引进海外教学资源，不出国门就可以接受海外文化教育。另一方面，这种形式的学习和培养专业技能的费用比出国留学更划算，学生无须放弃功课。学生选择这种形式的海外学习和培训科目是非常值得的。

根据学生的需求，开展特色文化教学活动。文化教育特色显著。毕竟中外合资学校的教学环境和建模方式是不同的。除了文化内容，一些高校还引进了海外教育资源，即有部分国外电脑老师，教材内容也来自国外。这样，想要接受东西方教育，丰富自己的文化艺术知识体系的学生，都可以按照这个方法实现自己的理想。

这种教学机构对学生的英语水平有规定，因为他们培训课程的内容包括一部分外语讲座。这种学习和培训形式非常重视提高学生的语言表达能力和口语练习，在申请入学期间会有语言表达技能的规定。为了让学生更深入地掌握专业技能，课堂教学的部分课程内容采用正版国外教材，并配备海外教师。因此，在讲座的情况下实施双语教学，以提高英语水平。

2. 中外联合教育项目

中外联合教育项目是另一种类型的中外联合教育企业，中外教育提供者建立合作伙伴关系来提供联合教育项目。澳大利亚和英国都有大量教育部批准的与中国机构的联合教育项目，涵盖所有教育层次。

对于联合教育项目，本科及以上水平需要提交申请给省教育厅，省教育厅在将申请提交给教育部之前对申请进行审查并提出意见。教育部审查申请并作出决定。如果批准，教育部颁发《中外合作办学许可证》。如果申请未获批准，教育部会以书面形式说明理由。

对于联合教育项目高中教育、基础教育和非高等教育，申请则提交给当地教育局进行评估。当地教育局对申请进行审查并提出意见，然后提交给省教育厅。省教育厅审查申请并作出决定。如果申请获得批准，省教育厅将批准的申请提交教育部登记。教育部对批准的申请进行登记，并颁发《中外合作办学许可证》。申请未获批准的，由省教育厅书面说明理由。

3. 联合教育项目

联合教育项目是中外教育机构合作的一种常见形式。它们不被视为中外合作办学的一种形式，也不需要中国教育当局的批准。

联合教育项目采取中国学生在中国学习和在海外学习相结合的形式，学生根据学分转换和合作机构之间商定的衔接安排获得本研究的学分。这些安排因参与机构自身的培训方法和教学计划而异。

典型的联合教育项目可能基于"2+2"或"3+1"模式，即学生在中国学习两年，然后在合作机构学习两年，或者在中国学习三年和在合作机构学习一年。在这些联合教育项目计划下，中国教育提供者和外国教育提供者可以合作开发某种形式的共同课程，但联合教育计划不涉及任何外国课程和教育资源的系统介绍，也不涉及学生学费的变化（学生在中国期间向其中国机构支付学费，在海外学习期间向其外国合作机构支付学费）。

（二）国际合作办学的重要作用

中外合作办学是高等教育走向国际化的具体实践。这也是我国高水平大学建设过程中的一次新探索。为优质教育资源的交流搭建了平台。然而，中外学校合作在机制建设、质量保障和区域均衡发展方面仍面临诸多现实困难。在国际化战略背景下，中外合作办学已成为中国大学国际化的重要途径和有效模式。合作项目的选择、内部管理架构和运行机制、多元文化人才的引进和支持、地方政府的支持和区域政策环境，都是中外合作办学项目长期可持续发展值得研究的课题。

"国际合作"有四层含义：一是由高等职业教育组织（或社会团体）共同举办的参加学校或开展高等职业教育主题活动的教育培训机构，可在其中一个国家或地区使用。它可以在第三国或地区；二是其所持有的教育培训机构的外观包括物理线、虚实线和虚交叉三种方式；三是两者的招生对象包括本地学生和在本国留学的外国学生；四是他们通过其他方式开展的高职教育主题活动包括合作课程的建立和双学位授予。

二、旅游高等专科学校国际合作办学的主要模式

中国改革开放以来，国际联合教育不断发展的趋势已成为中国基础教育的重要组成部分。众所周知，目前我国高校国际联合办学主要是本地区与国外高校的合作，利用现有资源与国外高校联合开展高等职业教育。近年来，绝大多数中国旅游院校对国际联合办学全过程进行了充分探索，基本建立了三种重点国际联合办学方式。

（一）融合型模式

融合型模式是在人才建设过程中，将学校的教学方式与海外合作院校的教学方式相结合：一是介绍对方的教学工作计划、课程标准、教材内容及相关教学方法；二是聘请对方教师到学校任教；三是汲取对方的教学策略，如课堂教学讨论、实践活动阶段、案例教学法等；四是引入国外教师教学模式，做到在国内培养符合国际市场需求的高素质人才，促进学校教学内容和教学方式的改革。

（二）嫁接型模式

嫁接型模式主要是充分保留自己的教学方法，根据对对方院校开设的课程内容的评价、对方院校学分制的双边协议，学生可以获得对方院校要求的学分制学历证书和对方机构颁发的学士学位证书。

（三）松散型模式

松散型模式是聘请海外教师在学院任教。学校教师出国留学培训，参考国外教学经验，学生出国或短期学习培训、实习等，完成课堂教学和全球对接。目前，国内大部分高校也采用这种方式。在一定程度上，这种方法对于我国高等职业教育的改革更具普遍性和可执行性。按照这个方法，我们可以从不同的方法中学习海外办学的成功经验，利用国际化的教学资源来提升大家。教育教

学水平和教育教学质量塑造了融入世界各国销售市场所需的专业人才。

三、旅游高等专科学校国际合作办学的特点

进入 21 世纪至今，经济发展全球化浪潮促使高等职业教育的发展趋势呈现全球化新发展趋势，国际化联合办学成为一种全新的教育教学方式。作为区域性高等学府，桂林旅游学院也在积极推动国际化视野下的旅游人才培养，先后与澳大利亚乔野布朗学校、伯明翰大学等多所海外高等学府合作办学。在世界旅游组织和授权企业香港理工大学的帮助下，按照国家标准对酒店管理服务技术进行了多方面的教育改革，取得了显著成效。本书以桂林旅游学院为例，分析其国际联合办学特点。

（一）合作模式多元化

中国旅游院校开展国际联合办学较为普遍，涉及世界多个国家和地区。桂林旅游学院在世界旅游组织的帮助下，与澳大利亚乔野布朗学校联合办学，只有按照桂林旅游学院的结业规定，才能同时获得澳大利亚乔野布朗学校和旅游专业学历；与英国伯明翰大学联合办学，获得桂林旅游文凭的同时，通过相关英语考试且课程内容考试成绩达标后可获得英国伯明翰大学学士学位。

（二）合作起点高

如今，中国高校的国际交流一般都是与一所或多所海外高校合作，而桂林旅游学院则选择了世界旅游组织作为其战略合作目标。海外机构推动，大型企业整合，海外名校适宜国际联合办学。合作目标是高端、宏观经济、信誉，确保合作的高瞻远瞩、扎实的基础、全面的类型，从而保证合作的高质量。

1. 行业组织引领

世界旅游组织是联合国系统各政府部门之间的国际经济组织。它是世界上最专业的旅游行业组织。其成员包括来自世界各国（地区）的政府旅游单位。它直接从事旅游开发或归旅游开发所有。

2. 知名企业融入

在世界旅游组织和国际合作机构的帮助下，桂林旅游学院吸引了一批企业参与酒店管理服务专业化建设。例如，韦伯国际教育产业有限公司投资 600 万元建设学校酒店管理服务实践楼，解决了学校酒店管理服务实践的校园难点。现已有超过 30 家酒店签约经营企业，其中包括桂林国际饭店集团和 7 大饭店管理集团，签署了校外实训基地协议，并在校内设有酒店管理实训基地。

3. 境外名校支持

世界旅游组织授权其下属团队成员——荷兰海牙酒店管理服务学校等世界知名酒店管理服务学校，制定桂林旅游学院酒店管理服务技术专业人才培养办法、师资培训和实践中心的建立。同时，桂林旅游学院还搭建了一个基于互联网与著名出境旅游大学的面向目标的模块化设计动态在线学习平台，共享资源，包括整体设计方案、网站后台管理、用户管理系统、运营管理方法、教学管理五大程序模块。这也是中国首个与知名出境旅游大学对接的酒店管理服务动态学习环境。巨大的场地让学生自主学习，课堂教学中师生互动，合理完成教学水平督导。

（三）合作内容一体化

首先，"一体化"体现在从课堂教学到课程管理、教学管理等各个领域的协作。桂林旅游学院不仅在其小组合作学习的参考层面上重视一线课堂教学，而且对二线课堂教学的互动性也了解并高度重视。桂林旅游学院率先实现专业建设现状分析，包括与酒店餐饮从业人员座谈、与上级领导交流、师生问卷调查等。在分析专业建设现状的基础上，设立了酒店管理服务技术专业培养计划，旨在"塑造能够作为当代酒店业一线岗位需求的高级应用型优秀人才"。

其次，桂林旅游学院与香港理工大学不断沟通，设计方案以"双工作能力"塑造酒店管理服务技术专业课程的领先线。"双工作能力"是指外语工作能力和实践工作能力。在课程设置上，从一年级到六年级，开设了大学英语、酒店口语、国际商务英语等课程，以及一系列入选英汉"双语"课堂教学的重点课程。英语课堂教学贯穿始终，从浅到深提高学生的英语阅读、写作、听力和口语能力。实地考察调研、公司实习、暑期实习、生产实习等实践环节相继安排，让学生逐步增加对相关领域的理解和掌握，逐步塑造和加强学生的实践能力。

再次，体现在课堂教学的系统化运作上。从课程标准、教学工作计划、课程内容、教材内容、教学策略到各个领域的运营阶段，通过全方位调研、充分讨论、精心管理决策，桂林旅游酒店管理服务专业教师尚与世界权威专家香港理工大学、旅游机构及附属团体成员，先后进行近50门课程对接、整合、升级课程内容，再次编制酒店管理各学科课程标准服务技术。根据国际交流，桂林旅游学院建立了以"双工能力"为主导的课程体系，建成了一支具有国际视野、核心理念、新工作能力强的实训队伍，完善了基础实践中心。

最后，主要表现在计划和实施的一致性上。为保证该运营模式的可操作性和质量，通过多种渠道对教师进行培训。教师分不同时间段到香港开展现场学习和培训。同时，还邀请部分教师到学院进行现场具体指导和交流。尤其是以学生为核心的教育理念和灵活多样的教学策略的嵌入，保证了联合办学实施的质量，相互合作的产业和内容不断发展和完善。

四、桂林旅游高等专科学校的国际合作办学的启示

近年来，高等职业教育国际化联合办学的发展趋势方兴未艾，对我国高等教育和社会主义社会市场经济体制的进步产生了充分的影响。自然，在联合办学的发展历程中，不仅有成功，也有一些不可避免的问题。及时总结经验，发现问题，扬长避短，有利于推动我国高职教育行业国际交流健康、合理的发展趋势。"桂林国际合作办学"已经成为一大亮点、一大特色，逐渐在学校教学体系中扮演着重要角色，乃至扩大其影响，起到了积极作用，但是，如前所

述，问题和困难依然存在。"桂林国际合作办学"的实践，给我们的大学带来了以下启示。

（一）树立教育国际化理念是引领国际合作办学的根本指针

国际联合办学有利于基础教育改革和进步的不断扩大，有利于灵活利用两种资源和两种销售市场。可以满足部分有留学意向的学生的需求，推动高等职业教育的现代发展趋势，是高校发展壮大的新途径。

随着全球化和一体化的进一步发展，以及科学技术的飞速发展和信息时代的盛行，高职教育只有融入这些变革中，才能造就为人民服务的优秀人才和当今的可持续发展理念。纳入这些转变必须塑造文化和教育现代化的核心概念。由于国际联合办学是高职教育现代化的一项重要内容，需要塑造文化教育现代化的核心理念，帮助高校走上国际联合办学之路。

桂林旅游学院恰逢旅游产业发展急需复合型人才，明确提出"转变发展趋势意识、自主创新发展模式、坚持精品办学、特色强校、优秀人才"。建设学校，实现学校现代化。"路面"教育教学理念进一步扩大国际交流范围，引进全球优质教学资源，促进度假旅游文教融合与世界接轨，又与澳大利亚乔野布朗学校、伯明翰大学、香港理工大学、澳门旅游学校等20多所海内外高校建立联合教育协会，桂林旅游学院一直坚持走国际化道路联合教育。虽然国际联合办学时间不长，但已获得了联合国世界旅游组织的认可。

现阶段，我国部分高校，特别是中西部落后地区高校，在国际联合办学方面还没有取得任何进展。此类高等学校要尽早形成文化教育现代化的核心理念，积极寻求境外高等院校作为合作伙伴，以国际联合教育培训为基础，培养一大批融入经济发展全球化的优秀人才。

（二）打造优质专业是开展国际合作办学的重要基础

在国际高校联合办学中，合作的首要任务是考虑对方有没有可以联合办学的技术专业。可以联合办学的必须是高素质的技术专业，否则合作培养的人才质量得不到保证。此外，在联合办学中，国外教育机构的根本原因主要是利用自身产能过剩的教学资源向其他国家提供服务项目。他们必须考虑到经济发展的权益问题。他们通常会谨慎地投资资金，而且只有对合作持乐观态度，具有市场前景的技术专业作为合作伙伴。因此，打造高素质的技术专业是国际联合办学的基础。

香港理工大学酒店与旅游管理学院经常明确与桂林旅游专业的酒店管理服务技术专业合作，因为桂林旅游专业的酒店管理服务技术专业具备专业的品质和技术。在香港理工大学的帮助下，专业设计了该项目的战略定位，制订了建设计划，明确了课堂教学定位、教育理念、教学策略、文化教育发展战略、文化教育质量标准等，在实际构建过程中，完成课程标准和课题设计，构建质量管理教材。桂林旅游学院教师赴香港理工大学开展学习培训，开创性完成出国学员和学生就业，成功获得世界旅游组织素质文化教育认证，突出技术专业特色，提高技术职业素质。因此，学校《酒店管理"四位一体"国际合作教育模式的研究与实践》荣获国家级教学成果二等奖。

高等专科学校要充分认识国际环境和高等教育的发展方向，积极采取措施，加强学科、专业建设，大力办出优势、办出特色的专业，扩大与世界著名高等院校的合作空间。

（三）注重办学质量是国际合作办学可持续发展的重要保障

质量是商品的生命，也是高职教育的核心。保证质量是高等职业教育的关键。对于高校国际化联合办学，办学质量也是其不断提升的前提。办学质量是招生的主要因素，同时也是扩大对外开放知名度的有效途径。高等学校的教学目标是培养人才，其国际交流也应围绕这一目标展开。只有保证人才培养质量，才能实现国际联合办学的可持续发展理念。否则，国际联合办学技术专业将无法吸引到招生人数，这将导致国际联合办学技术专业无法再次开办。

桂林旅游学院在国际联合办学中高度重视办学质量，引进国际优秀的教育理念、方法和管理经验，构建具有"双工作能力"的课程设置，塑造引领路线，并建立"三全"教学水平督导体系建成一支融入国际化人才塑造标准的师资队伍，合理保障人才培养质量，反过来又为学院的国际联合办学可持续发展带来了保障。

随着高等职业教育国际合作的日益频繁，合作办学的质量也越来越受到重视。因此，开展国际合作办学，需要构建和完善中外合资办学水平保障机制，进一步深化中外合作办学。因此，我们应构建和完善中外合作办学的质量保障体系，切实保障办学质量。

（四）加强师资队伍建设是搞好国际合作办学的重要前提

开展国际联合办学，必须组建一支现代化的师资队伍。由于相互协作的课程内容、教学策略等需要无缝整合，教学团队的水平决定了联合办学的水平。

在国际化联合办学中，桂林旅游学院十分重视提高师资队伍的基础建设。高职院校应主动输送优秀教师、课堂教学技术骨干出国留学、学习培训，或在国际知名酒店餐厅工作等多元化塑造师资。现代化的教学理念和专业技能提升了外语教学水平。例如，酒店餐厅管理专业的教师参与香港理工大学教师培训、课堂教学分发内容设计方案、互动课堂教学、学生学习成绩评估方法、参观考察等控制模块，使教师可以了解科技领先的酒店管理服务学校的课程管理机制、教学策略等有更直观的体验，升级教学理念，开拓视野。

为保证教学水平和人才培养方向的顺利实施，在联合办学过程中，应聘请具有一定学术研究水平、课堂教学经验丰富的教师担任新项目的讲师。我国高校要灵活利用国际联合办学产生的现代互动平台，制订长期的师资培训计划，积极派遣教师赴海外一流大学进行学术研讨和学习研究。同时，要完善聘用外教的标准和方法，招募足够数量的高素质的外教加入教师队伍。

第五章　高职旅游专业教学中教学方法的实践应用

第一节　参与式教学在高职旅游服务礼仪教学中的应用

一、参与式教学的基础理论

（一）参与式教学的来源

1. 西方的参与式教学

参与式教学是一种方法，让学生有机会参与确定课程的过程，以便将他们的学习目标纳入他们参与的活动中，同时促进民主决策。参与式教学是一种教育模式，在这种模式中，学生在决定课程和活动时与教师或领导者一样有发言权。所有参与者都积极参与定义他们自己的需要和愿望。除了简单地定义这些目标之外，所有参与者都努力实现这些目标，然后评估他们用来实现这些目标的过程。参与式教学是一种适合和平教学的方法。

（1）苏格拉底——"产婆术"。苏格拉底是希腊思想家和教育家。他出生在古罗马的一个普通家庭。他的母亲是一名助产士。他从小就跟着妈妈到别人家接生孩子，协助运送设备，处理杂事。这段日常生活在苏格拉底心中留下了深刻的印象。之后，他从助产专业中获得灵感，开创了教育理念，称之为"产婆术"。参与式教学理念来源于苏格拉底提出的"苏格拉底的方法"。此法认为，在师生交谈时不应该直接向学生传递知识，其目的在于透过讨论使学生意识到矛盾，提出问题与讨论，借由教导与启发得到真知。苏格拉底认为，教师不仅应该在教学中扮演"产婆"的角色，同时也为学生提供"助产师"，该方法认为，学生实际的学习过程就是学生参与、体验与探索的过程。

（2）杜威——"做中学"。约翰·杜威在20世纪初写了一篇以学生学习

111

为中心的著名文章。他在文章中谈到学生与课程时强调，学生们需要一个探索、体验和连接信息的机会，才能真正理解和内化抽象原则。杜威还认为课程应该让学生感兴趣，有趣的课程可以避免学生冷漠。作为"现代教育的先驱"，杜威以其倡导"从行为中学习"的著名思想而闻名，他认为，应该以学生为核心，设置引导内容、选择引导方式、开展引导活动等，这样能满足学生的兴趣，激发学生的热情和主动性，使学生能够在实践中掌握自己的生活经历，并以此促进学生学习活动。他"以学为本"，旨在使学生人格全面发展。这一观点对后代人参与式教学理念的形成有重要影响。

（3）维果斯基和皮亚杰的"建构主义"。参加型教育的另一个非常重要的理论基础是"建构主义"，该理论的代表是维果斯基和皮亚杰。皮亚杰的建构主义理论认为人们创造知识和形式意义基于他们的经历。皮亚杰的理论涵盖了学问理论、教学方法和教育改革。同化使一个人将新的经历融入旧的经历。建构主义理论假设知识只能存在于人的头脑中，它不需要与任何现实世界相匹配。学习者将不断尝试从他们对现实世界的感知中发展他们自己对现实世界的个体心智模型。建构主义的四个关键原则如下：一是让学生参与到相关且有意义的问题中；二是将课程组织成涉及广泛的基本概念的活动；三是尊重并重视学生的观点；四是鼓励学生自行调查并验证自己的假设。

利维·维果斯基是一位前苏联心理学家，他的理论强调文化和互动在认知能力发展中的重要性。维果斯基与皮亚杰的不同之处在于，他认为一个人不仅有一套能力，还有一套潜在的能力，如果得到别人的适当指导，这些能力是可以实现的。维果斯基发展了教学理论，这些理论被今天的教育工作者所采用。像皮亚杰一样，维果斯基承认内在的发展，但他认为，正是源于文化的语言、作品和概念引发了最高水平的认知思维。他认为，与老师和更多有学问的同龄人的社会交往可以促进学习者的学习潜力。没有这种人际间的指导，他相信学习者的思维不会进步很远，因为他们的知识将只基于他们自己的发现。维果斯基的理论对教育产生了极大的影响。尽管维果斯基本人从未提到过"脚手架"这个术语，但人们通常认为这是他思想的延续，他的思想是关于成年人或其他孩子如何利用指导让孩子在他们的ZPD（发展区）中工作（"脚手架"这个术语最初是由杰罗姆·布鲁纳、大卫·伍德和盖尔·罗斯在将维果斯基的ZPD概念应用于各种教育背景时提出的）。教育者经常通过分配学生不能自己完成的任务来应用这些概念，但是学生可以在老师的帮助下完成这些任务；他们应该提供足够的帮助，让学生学会独立完成任务，然后提供一个环境，让学生能够做比其他情况下更难的任务。老师也可以让有更多知识的学生帮助需要更多指导的学生。特别是在协作学习的环境中，理解水平较高的小组成员可以帮助较低水平的成员在其最近发展区内学习。皮亚杰高度批评教师指导的教学，认为控制孩子学习的教师会使孩子处于被动地位。此外，老师可能会在孩子没有真正理解的情况下提出抽象的想法，相反，他们只是重复他们知道的内容。皮亚杰认为，孩子们必须有机会自己发现概念。如前所述，维果斯基不相信没有更多有学问的人的指导，孩子能达到更高的认知水平。

（4）罗杰斯的"完整的人"。对此，罗杰斯认为，学生应该全心全意地投入到学习中，提倡培养"完整的人"。若把人分开，只重视"脖子上"的知识灌输，忽略学生作为完整的人的协调发展，就难以达到有效、持久的学习效果。提倡人文精神，提倡学生"颈下体"也要参与学习，培养学生将"手"与"脑"结合在一起的学习习惯，使学生成为一个有学习能力、有实践能力的人，而不是单纯纸上谈兵的"智障者"。

另外，布鲁纳提出了发现学习，要求教师在教学中引导学生参与教学，透过探究与实践，挖掘知识，体会成功学习的喜悦。发现学习法是一种积极的实践学习方式，由杰罗姆·布鲁纳在20世纪60年代首创。布鲁纳强调，我们应该"边做边学"。用这种方法，学生主动参与，而不是被动接受知识。学生通过探索和操纵物体与问题和争议角力或进行实验来与环境互动。他们被鼓励思考、提问、假设、推测和与他人合作。他们培养解决问题的信心，并对使用他们已经掌握的知识感到舒适。"发现学习法"考虑到所有学生都有一些背景知识，他们可能能够应用到当前的科目中，而不是让学生成为老师填充知识的空容器。发现学习法是一种建构主义理论，意味着它基于学生通过体验事物和反思这些体验来构建自己对世界的理解和知识的理念。发现学习法在如何呈现问题方面也是独一无二的。老师会给学生一个问题和一些解决问题的资源。发现学习法可能会有一个特定的最终结果，但重点是实现目标所涉及的步骤和批判性思维。老师要观察过程，而不仅仅是在体验结束时给书面论文打分。

总的来说，发现学习法得到了教育心理学家们的高度支持。他们同意康德、皮亚杰、维果斯基和布鲁纳以及教育哲学家杜威的观点，即学习是基于知行。如果一个老师考虑到一个孩子已经有了一些背景知识，那么这个老师将能够向学生展示他们的生活是如何与内容联系在一起的，而不必努力去创造这种联系。在课堂上成功运用发现学习法是需要付出努力的，教师要注意不要为了有活动而设置课堂活动。发现学习法是实践性的，注重过程，鼓励学生寻找解决方案。这种方法不只是教学生记住规则或概念，还要让他们将想法应用到生活中，创造难忘的课程，这将有助于他们成为终身学习者。

2. 参与式教学的中国教育史溯源

（1）孔子的"启发法"。在中国教育的漫长历史中，参加型教育法的起源可以追溯到 2000 多年前孔子提出的"不愤不启，不悱不发"的教育思想，那就是在教育过程中，要注意对学生及时和恰当的指导，要充分考虑学生的时间，不要急于求成地给学生直接的答案。可以看出，在教育过程中，孔子强调应该充分调动学生的学习积极性。在教学过程中，孔子十分重视对学生的启发，这是我国最早的教育理论。

孔子在对学生进行文化教育时，会对他们进行启蒙和引导，直到学生经过深思熟虑后不明白，不耐烦为止。当学生思考后明白，但不知道如何详细表达时，孔子会帮助他们再次厘清思路，用准确的语言表达出来。不难看出，孔子的"启发法"强调学生积极学习，积极思考。

孔子的"启发法"所包含的经验可以概括为以下四点：一是在学习和教授新的专业知识时，积极引导学生认识专业知识，并将其融会贯通，学而不思则无；二是教学过程中应掌握基础知识的难易程度；三是把握学生的心态，充分把握学生了解进步的规律，适时开展课堂教学；四是要善于举例，根据一些简单易懂的例子来深入探讨事情的基本原理。

苏格拉底的"产婆术"和孔子的"启发法"课堂教学在文化教育哲学史上基本是新鲜的科学方法论，尽管这两个概念由于时代的限制不可避免地需要批判，但只要坚持深入分析实际情况的标准，两者的理论今天依然可以被大家所用，释放出一颗璀璨的客观之星。

（2）《学记》的"教学相长"。"教学相长"目的在于将教学分为"教"和"学"两方面，"教育"与"学习"的关系是辩证法上的统一。该理论强调教师应该时刻注意学生的学习状态，在开放性、自主性、参与性的氛围中适当地指导，让学生能够不断提高自己。

（3）书院的"讲会"制度。古代书院兴起于宋朝（960—1279），衰落于清朝（1644—1911）。它们是中国古代重要的教育机构。许多古代书院作为历史遗迹保存至今。白鹿洞书院建于公元940年，又在宋朝扩建，是理学的摇篮。它已经成为江西省庐山上的一个著名景点，因为它位于距九江市约30公里的庐山五老峰脚下，风景如画。岳麓书院已有1000多年的历史。始建于公元976年（北宋开宝九年），自1903年起作为湖南高等教育学院。1926年，岳麓书院更名为湖南大学。它位于湖南省省会长沙，在岳麓山风景区内。应天府书院是五代时期（907—960）由商人杨悫建造的。它是北宋时期（960—1127）的顶级书院。现在应天府书院是河南商丘古镇附近著名文化景观的一部分。嵩阳书院位于河南省登封市以北3公里的嵩山脚下。这座书院建于1500

多年前的北魏时期。

书院教学是自我学习、共同研究和教师指导相结合的一种教学模式。作为学院的重要教育组织形式，"讲会"是书院与官家办学的主要区别，其提倡学问的自由。也就是说，教师既可以是书院的院长，也是其他学校的教师。学生可以从各种各样的书院中自由选择课程来学习。在教育过程中，教师和学生可以协商问题，学生有权发表个人意见，反映了教师与学生之间的和谐关系、学生主动和参与教育的平等地位。

综上所述，书院的"讲会"制度主要具有以下特点：一是书院的教育投资来源多元化，书院的预算由政府支持，也利用民间筹集资金；二是书院实行山长负责制，管理机制日趋完善。山长不仅是具体的教育家，也是最大的管理者，通常由知名专家学者担任；三是书院提倡开放课堂教学和科研，教师不受地域或流派的限制；四是书院教学重视启蒙和正确引导，提倡讨论传播，注重修养身心。书院的课堂教学除了参加学术交流和必要的教师教学外，主要是学生通过自学的方式参与。

（二）参与式教学的内涵

1.参与式教学的概念

虽然参与式教学法进入我国并没有太长的时间，但已在教育方面进行了充分的研究与应用。在查阅大量文献后，可以发现我国的许多学者和专家对该教学模式进行了大量的研究，但对参与式教学至今没有一个统一的说法。主要有以下几种观念。

许建领认为，参与式教学作为一种教学模式，强调学生在学习过程中的认知、情感、行为等方面的投入，它是大学教育的基本方法，其核心是发展学生的主体性，实现学生的可持续发展。他认为，参与式教学是指教师积极参与各种方法、手段和活动，鼓励学生学习知识、能力、方法、经验和实现价值。陈湘明认为，参与式教学强调学习者已有的经验，与同行合作交流，提高教师和学生的重要意识和独立发展能力，共同发现问题，分析和解决问题。温燕认为，这种教学模式是以学生为中心的。采取灵活、直观的教学方法，鼓励学生积极参与教育过程，激发学生的学习热情，充分调动学生的学习积极性和主动性。参与式教学就是积极参与学习过程，通过自律学习体验学习乐趣，实现学生知识追求的目标。总之，参与式教学主要包括以下内容。

（1）**要建立平等的师生关系**。与传统教学相比，参与式教学的优势就是师生之间的平等关系。在参与式教学模式下，教育活动从僵化、刻板的传授转变为师生之间和谐、平等的交流与对话，使师生之间互相尊重，最终达到教学相长的教学效果。

（2）**确定学生的主体地位**。参与式教学的主要内容就是使学生处于主动地位。在教学过程中，学生自由、自主、自在地参与，自己进行研究，由被动式教学转变为主动式学习。

（3）**采取灵活多样的教学方法**。要想实现参与式教学，离不开教师的灵活运用。在参与式教学模式下，教师必须适当运用各种教学方法。例如，小组讨论法、头脑风暴法、角色扮演法等。只有灵活地运用这些方法，教师才能最大限度地调动学生的积极性，让学生在愉快、轻松的环境下学习，从而取得良好的效果。小组讨论法是一种以学生为中心的策略，在这种策略中，学生被分成若干小组，鼓励他们讨论给定的主题。小组讨论由教师主导。课堂气氛是专制的，大多数时候，教师是主动的，学生接受他的想法和观点。讲课后，教师鼓励学生参加小组讨论。教师监督他们，并提供指导，使讨论富有成效。头脑风暴是设计团队用来产生想法以解决明确定义的设计问题的方法。在受控条件和自由思考的环境中，小组通过诸如"我们如何做"来处理问题。他们产生大量的想法，并在它们之间建立联系，以找到潜在的解决方案。

（4）**把培养学生成长作为最大的目标**。参与式教学主张师生关系的平等、学生主体性的参与、教师教学形式的灵活性，其根本目标在于培养学生解决问题的能力。换句话说，在学习过程中，学生应该自己去发现问题、分析问题，最终解决问题。在参与式教学模式下，教师要做到让学生自己逐渐成长，这样学生才能在离开学校、离开教室、离开教师的情况下，仍然能够以参与式的方式处理一切问题。

2. 参与式教学的主要特点

（1）**以人为本的教育**。参与式教学应绝对重视学生作为教育主体的重要性。在参与式教学模式下，教师不再是教学的主导地位，而是把学生作为中心，这样可以充分调动学生的主动性、积极性和参与性，应该以学生的进步作为教学的起点和终点。

（2）**以能力为本**。高等院校培养目标确定了教育活动应着眼于学生的职业发展规划，为社会提供有实际操作能力的高水平的、高技术的专业性人才，拒绝轻能力、重知识，强调知识和能力同样重要。因此，参与式教学非常注重培养学生的实际操作能力。

（3）**师生关系和谐**。与传统教学相比，参与式教学提倡师生关系的民主、和谐、平等。也就是说，在教学活动中，师生应该更为自在、轻松，师生之间有更多接触、互动的机会，师生之间互相尊重，最后达成共识。

二、旅游服务礼仪课程实施参与式教学的必要性及可行性

（一）旅游服务礼仪课程实施参与式教学的必要性

1. 实施旅游服务礼仪课程的理论依据

赫尔巴特是德国的哲学家、心理学家和教育家。他的作品在他的一生中很少受到青睐，但在他死后，却对教学实践产生了深远的影响。他以所研究出的心理学、伦理学以及形而上学，来指导其教育理论，并以伦理学为其教育目的的理论基础。他主张教育的目的是个人品格和社会道德。尽管他的教学方法被新思想超越，赫尔巴特的教育学作为一个学术领域的制度仍然存在。教育科学

的理念，包括心理学作为学习者的本质和学习过程的信息来源，过去是，现在也是重要的。把性格培养作为教育的本质目标，而不是单纯的知识积累，本身并不是一个新的理念。赫尔巴特构建了一种科学的教育模式，在这种模式中，内在品质的发展是首要的，而知识和技能的获取——用于实现这一目标的教学活动——是次要的。他倡导：一是以教师作为教学中心，教师能随意支配学生，学生必须完全听话。在这种高压力下，学生无权讨论、提问、质疑，由教师来支配教学活动。二是应该以知识作为主要教学内容。以往的教学过于依赖于教师的讲授，只是将知识直接灌输给学生，阻碍了学生主动学习，只注重学生的考试分数。三是将教室作为基本场地。真实教学要求教师引导学生走出课堂，走向社会，让知识在社会实践中不断内化、升华。传统教学是以教师讲授的方式传授知识，因此课堂便是教学的主要场所，但它却在很大程度上限制了学生的思维和眼界。在学习过程中，学生不能接触到任何课本之外的知识。

叶澜教授曾指出，传统教学就是指"在课堂上进行教学，在教师和学生中进行教学的最佳方式是教师和学生一起完成教学方案"。但是，传统的教学方式忽略了学生的参与性、主动性和创造性，学生仅仅只是储蓄知识的一个容器，而不是有主体性的学习者，不利于他们把所学的理论知识融入实际生活中。

2. 高等教育改革对高职院校提出的新要求

第一，明确培训目标。这一目标更准确地反映出高职教育的培养方向，旨在激励学生在掌握专业技能与知识文化时更加主动、积极，从而提高社会对这类学生的认同，达到尊重整个社会科技人才的目的。所以，高等职业教育不仅要体现高层次的人才培养，同时也要反映职业教育的技术性特征，要同时兼顾两个方面。因此，仅依靠传统教学难以达成高等职业教育培养目标，只有实行参与式教学，才能培养符合现代社会需求的人才。

第二，改进教学。继续进行教学改革，提高高等职业教育质量，不仅是高等职业教育改革的核心，也是教育改革的起点和归宿。所以，我们必须改变原有的教学模式，开展现代参与式教学，培养一大批满足现代社会需求的、实用型、高水平的专业技术人才。

第三，实现终身学习。终身制教学观提倡学校教育的目标并非向学生传授书本上的知识，而是培养学生终身自主学习能力。调动学生的主动性、积极性和参与性，其终极目标就是教会学生终身学习，也就是所谓的授之以渔，让学生具有独立学习、积极探索、分析和解决问题的能力。

（二）旅游服务礼仪课程实施参与式教学方法的可行性

随着旅游业的快速发展，对旅游从业者的需求越来越大，对旅游服务人员的职业素质要求越来越高，这对担负起旅游专业人才培养任务的高等职业院校来说无疑是一个新的挑战，要保证向旅游业输送的人才不只是数量多还要质量好。基于这样的背景，目前我国高职旅游院校在招生人数、专业开设数量、办学要求等方面取得空前突破。身为旅游业一线的从业者，优良的礼仪修养是一切服务活动顺利进行的保障。培养高水平的旅游从业者，对于我国旅游业的发展具有十分重要的作用。

旅行服务礼仪是指旅游从业人员通过社会实践和工作实践形成的一种服务规则，是旅游界交往、交流时共同遵守的行为准则。伴随着经济和社会的进步，大众对旅游服务质量的要求也日益提高，毫无疑问，这将对整个旅游行业提出更大的挑战。旅游服务礼仪具有理论知识生活化、实践性强、对学生的实践操作技能要求高等特点。因此，在进行教学过程中，高职院校承担着培养旅游业第一线实践人才的重任，应着注重提高质量，如采取参与式教学，把所学的书本知识转化为职业能力，使学生成为真正的人才。

三、旅游服务礼仪课程参与式教学模式的构建

在此基础上，使学生摆脱传统的教育模式，调动学生参加各种教学活动的

积极性和主动性，最终把旅游高职院校的学生培养成社会需要的人才。针对这一问题，旅游高职院校应该明确教学目标，积极实施参与式教学，可以有效地开展服务礼仪教学。

（一）参与式教学理念的构建

观念是行为的灵魂。在传统教育观念之下，参与式教学是无法实现的。在没有彻底抛弃传统教育观念的情况下，参与式教学是无法走入课堂的。所以，建立参与式教学观念是参与式教学实施的首要任务和基本保证。但是，世界上最困难的事，是改变人们的思维方式，传统教学观念向参与式教学观念转变必定是一个十分漫长而艰难的过程，并不是一蹴而就的。因此，参与式教学的改革也只能由上而下进行，才能使参与式教学理念深入人心。教师既要与时俱进，也要积极参与相关培训，以新的教学理念来转变自己，并在思想上进行创新。当教师的教学观念发生变化，其专业素质、职业道德也会不断提高，这样才能真正实现教学向协作性、自主性、探索性、创新性方向发展。

（二）参与式教学实施保障体系的构建

1. 教师的职业能力

（1）教学设计能力。简单地说，教学设计就是教学材料的创造。虽然，这个领域不仅仅是简单地创造教学材料，它仔细考虑学生如何学习，什么材料和方法将最有效地帮助学生实现他们的学术目标。教学设计的原则考虑教育材料应该如何设计、创建和交付给任何学习群体。教学设计人员以各种方式为各行各业的学习者创建并提供教育和培训材料。他们使用传统的纸质材料，如讲义和手册，以及电子学习技术和多媒体。

教师要具有较高层次的教学设计能力，是一项重要任务。在教学的各个环节，要把培养目标和教育目的贯穿教学过程的各个环节，合理地开发、整合教学资源，教学设计应该有深度，要勇于突破现有的教学模式。

参与式教学提倡教学资源从单一到多样化的转变，需要教师对各种教学资源进行合理的开发与利用。一是合理使用基础教学资源——教材，但要注意不能只依靠教材；二是对教学环境，包括教育设施和教育手段在内的教育环境的整顿和利用，例如，在红酒倒酒服务的礼仪指导中，教育训练室可以使用各种各样的服务方案来锻炼学生的应急应对能力，提高他们的专业能力；三是要达到最高的教育效果，教师要积累知识，实际经验和人生经验也是教授资源。大部分的教师都来自旅游专业，有着非常丰富的实际经验。在教育过程中，教师可以适当地插入自己的一些个人经验和知识，这可以提高学生对课程的兴趣。

（2）教学反思能力。作为教师，我们从经验中知道，一个教育者的工作是无限复杂的。它需要教学、学习、思考、感受和行动的许多不同方面。每天，教师们的任务是将这些方面无缝地结合在一起，以便编排有意义的体验。为此，教师需要调查他们自己的价值观、信仰和偏见，以便为他们努力创造变革和解放的学习体验。这就是反思的来源。反思有着深刻的哲学和教育学根源，从约翰·杜威的著作一直延伸到文化反映教育学领域。反思是一种严谨而系统的思维方式，通过帮助我们从经验中创造意义来产生新的知识。它迫使我们向自己提出困难的问题，并有勇气找到有意义的答案。

在教师专业素养中，教学反思能力是教师最不可缺少的。该能力是指教师教学过程中，随时注意学生的反应与反馈，科学地、适时地调整教学活动。培养学生的自我反省能力，可以帮助参与式教学的顺利进行，也可以促进教师专业素质的全面提升。教师要重视人文关怀，这是教学反思的前提。教师要无时无刻关心每一个学生的反应、表现与发展，通过学生看到自己的问题，有针对性地对学生进行参与式教学，让每个学生都能在教师的关怀下茁壮成长。

2. 学生的认可度

在教学中对学生进行了分类，分为积极参与型、消极参与型和非参与型，又将学生的性格分为六大类型，分别是交往型、成功型、疏远型、依存型、叛逆型和独处型。由此可见，在教学过程中，对于参与式教学，不同学生的认同与接受度呈现出差异性。所以，教师应注重学生对参与式教学的认同与配合，这样才能真正发挥参与式教学模式的作用。

3. 师生角色及关系的重新定位

教师与学生之间的关系是学校教育中最核心、最基本的一种关系，它的优劣会直接影响到教学质量。为此，教师和学生应该重新定位自己的角色，改变传统的师生关系，这是参与式教学成败的关键。

（1）**教师角色的转变**。在教学活动中，教师由"主人"向"引导人"转变，教师可灵活教学，学生可灵活学习。所以，"弹性学习"就必须以教师弹性教育为前提。要让学习者灵活掌握知识，教师应以学生为中心，改变自身的主体性，适度"放手"，给予学生"权利"。参与式教学实施过程中，教师已不再是学生的"领导者"。当学生在学习过程中走弯路时，教师应起到指导作用，注意在第一时间引导学生走上正确的道路。学生并非被动地接受知识。要想达到良好的学术表现，离不开教师的强制力和外部压力。教师越是紧张，学生就越感到身心疲劳，甚至产生反叛心理。反过来说，要获得良好的学习效果，就要从内部和外部两个方面入手，自我约束，积极主动。教师参与式教学的实践应注意以下两方面。

第一，提出问题，促使学生发挥自我"启迪"的功能。教学中，教师代表着真理，代表着智慧。参与式教学必须突破传统观念，积极鼓励学生大胆提出自己的问题。在学生提出问题之后，教师给予指导和评价，促进教师的发展。

第二，鼓励学生体验。教学过程本身就是一种自主探究的学习过程。体验既是人的生存之路，又是人寻求生命意义的途径。参与式教学的核心是体验。这样，学生们就能体验到教育活动中心的作用，让学生在快乐中感受民主、和谐、自由的学习氛围，感受成功与快乐。参与式教学理念下，教师应以教与学并重，兼备指导与科研的双重功能。同时，教师还能在课程开发与学习过程中，充分积累知识，更加透彻地了解学习内容，掌握教学内容，在教学中自由发挥，大大增强教学能力与专业素质。为此，教师必须严于律己，不断提高参与式教学的关键性能力，同时还要注重科研能力的培养。

（2）**学生角色的转变**。布鲁纳曾说，学生的成长过程并非与自然环境接触，而是一种社会参与的过程。当学生积极参与教学过程中，能够更好地认识自我、发展自我、提升自我。高等职业院校的学生在学习过程中具有成熟的学习能力和思维能力。要消除"被动式"学习思维，就要做教学过程的主人。

参与式教学由"自主"学习向"合作"学习迈进。协作学习是学生与教师之间互相沟通、合作、推动，形成和谐、平等、民主的师生关系，促进师生共同进步与发展的学习方式。其目的在于，通过主体之间的实际合作与沟通，促进学生的主体性发展，促进学生的社会化进程。参与式教学是让学生学会共享，在与他人合作时所释放的能量帮助下，学会共赢，提高自己的学习效果，相互促进。

（3）**师生关系的重新定位**。在参与式教学中，师生关系不再是"讲授""被管理"的上下等级关系，而是一种相互促进的关系，使师生关系更融洽、更稳定。在一个更理想的学习环境与气氛中，给学生以积极、热情，让学生尽情玩乐、学习。在高职教育中，师生间的尊崇由上下关系变为双向合作的关系。为此，师生关系对话，遵循公平交往的原则，在民主、平等、和谐的基础上进行，建立师生平等、民主的关系。此外，只有拉近师生间的情感距离，让学生在情感上树立起对教师的信任与爱意，才能顺利开展下一次学习活动。这样，教师就能成为学生真正意义上的好老师或朋友。

（三）参与式教学实施过程体系的构建

1.科学选择教学内容

教学内容是教育的重要载体，所以教师要遵循科学性原则选择教学内容。随着时代的发展，教育理念的不断更新，当今知识的爆发给教师带来了机遇与挑战。科技的发展，使人们的生活方式和价值观发生了重大变化。面临着越来越聪明、知识渊博的学生，教师必须事先设定好，才能开启一种新的教育模式，改变一代又一代的教学内容。在教学过程中，教师需要更新已有知识储备，让学生贴近生活，最大限度地培养学生的创新、实践、探索能力。与此同时，也要不断关注教育内容的"取水"，实现"细水长流"。

2. 营造开放、自由的课堂氛围

在教学过程中，课堂是其主要的场所。课堂氛围自由、开放，能激发学生的学习热情和参与热情。因此，在进行参与式教学时，教师应该独立地、自由地指导学生学习，以现实的职业规划为起点，科学地进行教学，充分激发出学生的才华，调动学生的朝气和活力，使学生的身体和思想动起来，这样课堂也就跟着动起来了。

教学中，教师将以角色扮演、情景模拟、游戏作为教学手段，组织学生积极参与到教学活动之中。例如，在旅游服务中进行礼仪交流教育，可以通过组织学生进行游戏教学。通过课程与游戏相结合，指导学生及时、有效地实现旅游服务交换。

（四）参与式教学评价机制的构建

依据训练评定的深度与难度递进顺序，柯克帕特里克把训练效果划分为反应层次、学习层次、行为层次、结果层次，并提出要从这四个层面来评价训练效果。教师评估就是按照教学目标要求，根据一定的规律来确定和描述教学效果，是整个教学不能缺少的环节，其目的在于检验、推进教学进度。但是，现有的传统评价系统对培养学生综合能力和素质有着极大的局限性。因此，我们应该改变单一的评价系统，就有必要采用一种柯式四级评量方法。

柯克帕特里克模式可能是分析和评估培训和教育项目结果的最著名的模式。它考虑到任何形式的培训，无论是非正式的还是正式的，根据四个等级标准来确定能力倾向。第1级反应衡量参与者对培训的反应（例如，满意度）；第2级学习分析他们是否真正理解培训（例如，知识、技能或经验的增长）；

第 3 级行为查看他们是否在利用他们在学习中学到的知识（例如，行为的改变）；第 4 级结果确定材料是否对业务 / 组织产生了积极影响。

第 1 级评估——反应，学习者喜欢教学的哪一方面？学习者的感受如何？这一级别的目标很简单，它通过提出问题来建立学习者的想法，从而评估个人对教学模式的反应。正如柯克帕特里克所概述的，每个程序都需要在这个级别进行评估，以帮助改进模式，供将来使用。除此之外，学习者的回答对于教师确定如何投资学习下一个水平至关重要。第 2 级评估——学习，即新知识、新理念，学到了什么？还有什么没有学到？在这个层面上进行评估是为了衡量参与者在专业知识、知识或心态方面的发展水平。与第 1 级相比，这一级的探索更具挑战性，也更耗时。第 3 级评估——转移，学习者是否能够运用这些知识。这一级分析学习者在学习之后，其知识运用能力存在差异性。评估这一变化有可能弄清教师教授的知识、思维方式或技能是否能够在日后工作场所正确运用。第 4 级评估——结果，即学习的最终结果是什么？第 4 级通常被认为是该计划的主要目标，通过衡量教师和学生的教学效果与学习成果。

1.坚持结果性评估和过程评估相结合的原则

评估有多种类型和方式：需求评估、监测评估、形成性评估、参与性评估和总结性评估。总结性评估是指在教学活动结束之后，为了评估学生的实际学习成果，采用量化评估方法来评估学生的实际学习效果。总结性评估的优势：一是结果评估有助于教师了解计划的影响以及计划复制的前景有多重要；二是该计划的真实成本和结果显然会影响未来行动的进程。这样，教师可以随时掌握学生的学习状况，其结果也可以为以后的学习提供有效的反馈信息。形成性评估是一种以观察为主的评估方法，在学生学习过程中主要对学生的学习态度、情绪、价值观念等进行研究，动态掌握学生在学习过程中的成果，及时调整，使方案、计划得以持续改进，顺利实现教学目标。参与性评估打破传统的效果评估模式，遵循成绩单和形成性评估的组合原则，让教师随时发现教学中存在的问题，不断改进教育，提高参与式教学质量。

2. 坚持理论知识考核与实践能力考核并重的原则

参与式教学就是教学生学习，通过学中练，使学生将课本中的知识变成"智慧"，进而达到学以致用的效果。高等职业教育评估要坚持将知识技能、职业岗位能力与能力考核相结合的原则。在参与式教学模式下，教师会改变只是重视理论知识，仅采取期末考试评核的方法的现状，在考查学生课堂上的知识以外，更加重视对其实践能力上的评价，对学业水平进行综合评估，避免学生只是纸上谈兵。

如果是评估服务员电话预约服务礼仪，我们可以采取情景模拟的方式，要求学生在实践过程中现场处理，对学生进行考查，检查学生在电话铃响三声之内是否接通；与客人交谈时声音是否柔和、音调友善，等等。这样可以对学生服务礼仪和实际操作技能进行全面考核，教师可以更好地掌握学生理论知识和操作水平，为下一步的教学工作提供依据。

第二节　案例教学法在高职旅游管理专业教学中的应用

一、案例教学法的概述

（一）案例教学法概念

1.案例教学法概念

案例教学法拥有一种独特的能力，可以让复杂的概念变得容易理解，培养学生的职业技能，同时创造一种引人入胜的智力氛围。"案例"可以是一个简短的叙述性文件或一个故事，其代表了个人或组织面临的一个特殊挑战。每个案例都反映了当时决策者可以获得的信息，并构建一个特定的决策点，但没有揭示实际做出了什么决策。在课堂上，教师应该提出问题来引导学生讨论。这些精心设计的问题是任何成功案例教学法课程的关键。一位经验丰富的案例教学法教师通常会提前考虑好几个步骤，预测可能会提出什么观点和问题，并准备好后续问题来指导小组。任何教授或教师都可以用案例教学法教学。案例本身以外的内容对理解专业知识是有帮助的，但不是必需的。为了帮助有经验的教师或采用新的案例教学法，每个案例都有自己的教学计划：教师建议画具体问题的灵活路线图，启发关键见解的策略，以及在黑板上直观组织学生反应的想法。

2.旅游管理专业课中的案例教学法

根据国内外学者对案例教学法基本概念的共识，可以将案例教学法进行如下定义：以较具代表性的旅游企业案例为中介，将整个课堂置于一个真实的、实际的旅游情境之中，使学生与教师之间互相讨论，来锻炼、提高学生分析问题、解决现实问题能力的一种较为有效的教学方法。这是一种以学生为主体，综合开展自主、开放、合作的教学方式。

旅游业的长期发展趋势为旅游管理专业的培养提出了更好的规定，同时也为旅游管理专业的文化教育提出了新的规定。因为旅游管理专业理论性强，同时还融合了自然地理、历史人文、管理方法等专业内容。案例教学法是度假旅游专业学科培养的一种实践教学策略。真正意义上完成了以学生为中心的教育理念，对提高学生的实际工作能力有很大帮助。

（二）案例教学法的类型

1. 角色扮演式案例教学法

角色扮演式案例教学法是在人工创造的情境中发展特定的沟通技巧或进行教育的过程。该教学方法是一种学习和训练的方法，它培养个人解决问题的能力。它被定义为一种角色扮演，在这种角色扮演中，学习者在人为创造的环境中扮演角色。很明显，这是一个学生在通过课堂上的"角色扮演"获得职业技能。当教师使用角色扮演作为指导时，学生可以更深入地参与和对手探讨解读问题的方法。另一个好处是，教师可以观察角色扮演中的现实行为，来评估和诊断学生的技能水平和知识发展情况。在角色扮演式案例教学法下，教师可以全面强化学生对学科知识的理解、领悟，以增强其发现、分析、解决问题的综合能力，推动学生的全面发展。

2. 讨论式案例教学法

讨论式案例教学法，顾名思义，就是在课堂上，教师通过创设个案情境引导学生。这一种教学方式在目前的学校教育课堂上被最普遍地运用，相当一部分教师早已能熟练运用这一方法。讨论式案例教学法的最大优点在于，它使学生从传统的被动受教到主动参与，改变了传统的以教师为中心的填鸭式教学，在整体上提高了学生分析问题和解决问题的能力。

3. 情景模拟式案例教学法

情景模拟式案例教学法，顾名思义，就是在课堂上，教师通过创设模拟、特定情境、累积组织等方式，指导学生在模拟场景中完成教学任务。它最大的优势在于它能让学生在高度模拟的情境下学习相关技能和知识，调动学生的学习热情与兴趣。这样就可以锻炼学生的临场应变能力，又能进行实景操作，还可以调动课堂的气氛，大大增强教学的感染力。

（三）案例教学法与旅游专业课程的关系

1.案例教学法与课程设置之间的关系

高等职业教育旅游管理专业案例教学与课程建设之间是一种相互影响、相互依存的关系，因此，这种关系在高等职业院校旅游管理专业中显得尤为重要。个案教学方法的选型应由课程设置任务决定，建立一套适合特定教学规律的课程体系。因此，在高等职业院校旅游管理专业课程教学中，不能只依教学任务而定，也要保证课程与个案教学相适应，同时也要结合实际情况进行教学。

2.高等职业院校旅游管理专业课程案例教学的选择

案例教学法是理论和实践相结合的教学方法。高等职业院校旅游管理专业的课程教学，无论是对专业课程还是对基础课程都是一种非常有效的教学方法。根据高等职业院校的旅游管理专业的课程和指导课题，为了高等教育机关的旅游管理专业教育，案例教学法的选择可以说是最理想的选择之一。根据课程内容和专业知识内容，需要根据教学法系统地教授理论和知识的要点，角色扮演案例指导和实际场景模拟案例指导被用于旅游管理的技能课程。技能一般为了达到目的需要持续练习，在持续练习中技能会变得更加完美。从这里可以看出，在高等教育机关的旅游教育课程中，该方法具有重要作用。

（四）案例教学法实施效果的影响因素及运用原则

1.案例教学法实施效果的影响因素

（1）**教师自身教学因素。**一位优秀的高职院校教师不仅要具备比较熟练的教学方法和较强的旅游知识，还应该具备一种负责的、积极的心态，此外，教师还要经常注意学生在学习态度方面的变化。要想让案例教学法得到全面的应用，教师就必须有自己熟练的教学技能。旅游业高等专科学校需要通过行之有效的方法，全面提升自己的综合素质，为学生的成长和学习提供基础保障。好的教学态度必然会提高学生的学习热情。一名优秀的高职教师，不仅要成为学生的指导者，更要对学生的发展起到推动作用。所以，教师应该有一颗爱事业的心，创造一个让学生成长的平台。老师的正能量必然会激励学生学习的热情，全心全意地配合教师。唯有如此，才能更好地保证高职旅游院校顺利实施案例教学法。

（2）**学生需要积极地参与到课堂中来**。案例教学法能否顺利开展，直接关系到旅游专业案例教学的成败，直接关系到学生能否主动介入教学。高等职业旅游院校在实施案例教学法时，需要全班同学都能全身心地投入到案例教学中，学生应积极主动，充分配合教师，共同上好本课程。拥有一个良好的课堂氛围，案例教学必然能发挥其应有的作用，教学效果也必然非常理想。

（3）**学生需要有良好的素质及积极的学习态度**。学生态度能在整个课程中发挥重要作用。身为教师，不但要把握好学生的个性，而且要端正他们的学习态度。在案例教学中，具有良好学习态度的学生，一定能收到很好的教学效果。所以，教师在事前要仔细了解学生所处专业水平和个人的学习成绩，掌握了这些资料之后，可以达到事半功倍的教学效果。

2. 案例教学法的运用原则

（1）**学生主体性原则**。在运用案例教学法时，教师应该坚持学生主体性原则，这也是与传统的教学方法有很大的不同的地方，案例教学法更加注重学生在教学过程中的主休性。在使用案例教学法案例展示过程中，学生是教学的主体，教师是教导者，他们之间的关系并不是绝对对立的，而是相对的，教师的真实角色是服务学生，用自己的专业知识指导学生，使学生对新的教学内容有更多的了解，让学生更好地接受新的教学内容，并与全体学生共同学习；作为学习的一部分，学生需要主动、全面地学习，如有必要，协助教师完成有关教学任务，这样才能顺利完成课程的教学。从这一点可以看出，我们只有坚持学生的主体性，案例教学法才能在课堂中得到全面、有效的应用。

（2）**全体学生参与性原则**。在教学过程中，教师运用案例教学法可以促使学生主动参与到课堂教学中，这一点最重要的原因在于，学生不仅可以在智力上，还可以在情感上积极地参与。以此为基础，全面保障高职旅游院校在运用案例法的过程中所有学生都能参与其中，在这一过程中，教师必须充分注意选取的案例是否具有实用性和趣味性。教师应该选择一些具有代表性的旅游案例，以激励学生主动地参与学习，让学生能积极地在课堂上进行讨论。因此，教师在采取该教学方法时，应采取有效的措施，鼓励学生主动参与课堂教学，以达到案例教学目的。

（3）**体现教学情境启发原则**。案例教学法的终极目标是将知识传授给全体学生，进而科学、积极地提高学生解决问题的能力。所以，教师要想充分掌握案例教学法作用，就必须根据实际的教学内容去选择旅游案例。在旅游案例分析和讨论的整个过程中，教师通过积极的教学方法启发学生的思想，进一步激发学生对探索的热情。在整个过程中，用科学有效的方法来刺激学生，使所有学生都能真正感受到学习的重要性。通过适当的案例教学，学生可以更简单地发现问题、分析问题，拥有能够解决实际问题的能力，在启发性的教育氛围中学习更有用的知识。

二、案例教学法在高职旅游管理专业课教学中的优化对策

（一）高职旅游管理专业案例教学法的应用

1.角色扮演式案例教学法的应用

（1）**方法解读**。根据高等专科学校旅游管理专业的实际情况，综合案例教学法和角色扮演法，充分满足专业学习的实践需要，提高学生的学习热情，综合提高学习效果。作为角色扮演案例的指导方法，意味着教师能够提高学生

的兴趣，有必要设计学生能够积极协助授课整体的事例。而且，教师完全可以通过特定的案例达到相关的教育目的。教师应设计一些特定的教育任务，使学生能够参加到整个教育活动中，创造更好的学习氛围。如果学生有理解力的话，他们可以把重点放在案例的指导上，从而实现对教学方法的解释，他们可以学习到更有用的专业知识。

（2）**具体的应用步骤**。在理解该方法后，进一步分析角色扮演案例教学法的实施过程。

引入合适的教学案例，创造良好的学习氛围。为了顺利实施角色扮演教学方法，如何再现具体案例内容是最重要的因素之一。因此，在正式开始相关课程之前，教师必须做全面的准备。另外，根据各个班级的情况，教师需要对案例进行必要的细致调整，使之更适合各个班级。与此同时，还需准备详尽的教学内容，在良好的指导内容和充分的准备下，可以顺利地教每个班级。在课程正式完成后，教师可以回顾一下刚才的教学内容，以此增强对知识的记忆。教师要想在每一个回合都取得优秀的教育成果，学生必须在良好的氛围中学习课堂上的重要知识，发挥好的作用。如果学生事先了解教师所讲事例，会为正式学习打下良好的基础。

指定角色，猜测行为。在课堂上，教师需要对讲课所需的各种关系做必要的介绍，为课堂中全面的案例教学顺利提供案例背景。教师需要先把各种关系明晰，把各种义务和关系串联起来，了解当时的社会环境，对教学案例中的故事背景和人物进行必要的描述，创造一系列有助于学生记忆的情境，以利于学生对知识点有深刻的记忆，全面帮助学生对案例有透彻的了解。教师必须及时切题，并安排好相应的角色。根据每个班的人数，对每个组成员进行相应的分工，并要求组成员在此时完成表演任务。根据指派的角色表演，教师才能使每个学生均按"剧本"情节掌握角色，认真理解角色的表演方式和想法，学习关于案例中遇到的问题和对一些紧急情况的正确处理方法。

教师要对角色扮演过程进行全方位的指导。此外，教师还可"发布相关指令"，让每一位学生根据团队的要求完成。在演出之前，现场要有充分的准备，以便学生们能够很好地完成表演。有必要对整个流程进行监控和分析。为充分保证获得较好的成绩，必须对学习成果进行合理的评估。同学们可以相互评估，交流观点，促进进步。老师要对每一组学生的表现进行综合评价。让每一个学生都了解自己的不足之处。鼓励他们坚持不懈，迈向更高层次。教师在具体的角色扮演过程中，要体现导师与协调者的作用。所以，当学生能顺利地表现个案时，教师也要帮助学生完成相应的角色。在一般情况下，角色扮演教学法对全体师生是非常严格的。教师必须对关键节点进行必要的启发，以使学生提高学习效果。

结合理论和回归教科书。由于案例内容主要来源于现实生活，而核心知识点又不能与书本分开，要做到这两个方面，以求其长处。在教学过程中，角色扮演教学法是以课程为理论基础的，将相关指导案例划分为若干部分。最后，为了达到理论与实践融合的教学效果，还需要将所体验到的部分原理综合起来，让学生对知识点有比较全面的了解。在综合案例教学法之后，再深入研究书籍内容，加深学生对课本中知识点的把握。每一位参与的学生通过相应的角色扮演，能够了解自己可以做些什么，如何做，懂得如何学习，切实做到参与中学，在学习中体会案例教学的用心。

2. 讨论式案例教学法的应用

（1）**方法解读**。讨论式案例教学法，是指在案例引导过程中，让学生主体运用，并通过案例内容的全面讨论与分析，来引导学生学习。由于采用了一些案例，案例引导过程要求进行小组讨论，为了让学生了解真实场景，教师需要进行讨论案例教学。从场景和表演形式来看，学生可以更容易地学习书本的内容，同时为了能够快速获取学生所需要的知识，课堂讨论后，有些枯燥的知识点也会变得有趣。运用生动而有趣的案例教学，教师能更好地增进学生对整体知识的理解，进而全面提升学生的学习能力。针对高职旅游管理学专业的学生学习特点，探讨案例教学法的现实状况，展现出更具吸引力的内容。与此同时，这种教学法把知识点由浅显到深入分析，慢慢引导学生，形成好的问题思维模式。在分组讨论时，可采用各种讨论方式。

（2）**具体的实施过程**。筹备阶段讨论式案例教学法的预备期是一项非常重要的环节，特别要从教具、场地、分组、情景等方面做好准备。充分地做好预习，能够为正式的案例讨论提供足够的准备，使教学能够顺利进行。教师要认真做好备课工作，全面、深入地解读教材的相关内容，并根据教学要求制定出具体的案例。同时，教师还要提前解读相关案例，并结合自己的实际工作经历将案例改编成教案，做出相应的教学计划。学生在教师的引导下，按照小组的分工完成相应的作业。

特定执行阶段。讨论式案例教学法具体包括以下几个阶段：一是向学生简要介绍备课情况，使学生能对案例有总体了解；二是根据课件的具体内容和要求，结合书本的情况，为学生制订相关的学习计划；三是教师应该与学生一起仔细阅读案例内容，认真分析有关问题，最后由各小组的代表进行发言，通过小组间的相互讨论，加深知识点的整合，从而学会学习方法。

3. 实景模拟式案例教学法的应用

（1）**方法解读**。课堂实景模拟就是教师根据讲课内容制订相应的计划，并提供必要的情景模拟，事先把一些情节留给学生自己完成，让学生积极地参与到活动中去。在课堂教学中，学生通过亲身经历，将书本理论与现实情景有机地结合起来，如态度、情感、认识等各个方面，使课堂情境得以充分发展。模拟案例教学法的核心是在最现实的场合中展现学生的职业体验。通过这种方式，学生既能认真听课，又能主动地整合所学的知识，从整个活动中激发找出解决问题的方法，从而集中精力去亲身体验。

（2）**具体的应用过程**。高职旅游专业实地调查模拟案例教学法的步骤如下。

第一步，创设情境。前期工作是情景创作的基础。实景模拟式案例教学时，应根据教材的实际要求，将相关教学条件限定为受制者，认真备课，充分说明教材中的有关内容。另外，根据书本内容，在必要的情况下，以具体的指导性案例将个人能力归纳到指导方案中，并制订有关教育计划，以配合教学需要，设计作业与教材内容相结合。利用这些资料对学生的表现进行确认十分方便。在这一点上，学生们可以相互评价和交流。

第二步，具体的实施过程阶段（情景体验）。本课程的具体实施过程包括：引入背景案例——旅游线路教学入门之后，教师就能让学生对形势有一个全面的了解，简要介绍一下所准备的背景情况需要花些时间。这样就能使学生更快地进入主题：通过介绍典型案例，使学生对所学知识有更深刻的认识。这样，学生就能感觉到他们所处的环境，从而更有积极性去学习。要保证旅游专业学校的教学工作能顺利进行，教师就要事先做好讲授和示范，以便给学生提供几个版本。学员自行承担责任，实施模拟作业——根据已组织的小组、班级的实际情况，在班级内开展相应的实践活动，使高职旅游专业的学生可以阶段性学习。了解真实的场景和角色能让学生们学习书本的内容更加简单。接着，在进行指导交流后，书本上乏味的语言变得有趣。与此同时，每一个小组的表现和存在的问题需要记录下来。

第三步，概述阶段。完成以上步骤之后，教师就可以把案例教学内容编写成旅游讲演剧本。与此同时，还要写出具体的教育内容。有了好的教学内容，才能顺利地教好每个班，提升教学成果。

（二）优化高职旅游管理专业案例教学法的对策

1.丰富案例教学手段，构建灵活多样的案例教学模式

当前我国高职旅游专业教学模式主要以案例教学法为主。为实现案例教学所期望的教育效果，教师必须总结遵循专业领域方案指导的实例。高等职业旅游教育的主要目标是全面发展学生的综合素质，对社会作出贡献，利用专业技能提升自身的就业能力。案例教学是以理论知识与实际经验为基础的教学方法，它被认为是众多教学方法中比较有效的教学方法。所以高职教师应做到全面、合理地构建弹性的教学方法，为高职旅游专业学生提供更为丰富的综合知识，有效地激发学生的学习热情。学校要加大有关教育资源、设备等方面的投入，建立完善的实践基地，为学生的专业发展提供良好的环境。比如，如果要教授多媒体教学辅助材料、教学实践基地，就需要附加一个与教育课程有关的计算机辅助软件。同时，完善的教学仪器、考试场地也能给教师和学生更好的引导。此外，案例教学法还能进一步激发学生的学习欲望，确定旅游专业知识的教学内容。

2. 掌握学生心理情况，使学生能够对案例更具适应性

学生是案例教学的对象。教师为了提高案例教学效果，要注意学生的心理状况，对学生的接受能力进行彻底的调查，必须根据学生的心理接受能力设计合适的例子。根据这个方法设计的案例，学生可以适应。另外，学生有很强的好奇心和接受一些新事物的能力，在设计案例的时候，案例必须是最新的，才能刺激学生对课程的兴趣。教师需要将学生分散性的注意力集中在实际案例环境中，让学生从实际场景中感受学习的乐趣。因此，在设计案例时，我们必须完全注意学生的实际心理需求，用科学的设计技术将知识内容与实践应用相结合。

在旅游案例教学中，需要事先调动学生的学习热情，根据学生的基础知识掌握程度选择难度高的事例，这可以充分刺激学生对专业知识的欲求，使学生对案例研究产生极大的热情，从而使学生能够理解，主动接受知识。学生不仅自己学习知识，还要协助教师完成教育过程。在案例教学过程中，理解学习的乐趣，发现问题、思考问题，通过这种积极的参与，则可以大胆地发掘案例中的奥秘，吸取案例知识中的精华内容，从而提高高职旅游专业学生积极参加的意识，提高学生的能力。

3.提高教师素质，加强教师运用案例教学法的能力

案例教学不仅需要综合改变传统教学方法，还需要综合处理指导形式的变化、思想和学习方法。案例教学能否成功实施，关键在于教师是否具有驾驭案例的能力和综合素质。作为案例教学的引导者、导航者，教学质量的好坏，归根到底关系到教师的教学能力。

案例教学的必要条件比较严格，对教师来说是一个难题，教师需要掌握基本的专业知识和强大的专业实务经验。只要这两个方面都具备了，就可以拥有优秀的教育能力，使教师能够更加完善地进行整个专业课程的教学。因此，专业教师要掌握这个路径，作为有效实施指导方法的对策，提高专业的综合素质和指导能力。高职院校应从招聘、录用、教学三个阶段对教师队伍教学质量进行考核，对部分达到要求的教师，应给予一定的奖励。如有可能想尽各种办法，引入一些高学历、具有基层实践经验的教学人员，加入高职院校教职员工队伍中，以提高旅游专业教学水平。学校需要对一些新教师进行系统实践训练，以便每个教师都能提高自己，符合社会潮流。如果学校有条件进一步提高教师队伍的教育技能和专业质量，就可以综合强化教育成果。可以安排学生在前哨旅游企业进行相关的岗位实习，这对老师和学生来说能够起到很大的作用。

作为一名高职院校教师，不仅要有优秀的专业知识，还要有良好的专业素质、良好的教学思路和扎实的实践经验。教师需要全面改变传统教育观念，树立学生观，培养优秀人才，把学生放在主要位置上，把自己放在引导和督导的位置上。通过事例教学法，教师可以与学生建立一种友好关系，相互交流，共同进步。除了接受学校的每一个工作安排外，高职院校教师也必须在每天的教育过程中丰富自己，不断地自我反思，并通过进一步的学习来提高业务能力和综合素质。

4. 建立科学有效的激励措施

案例教育的实施结果主要反映在授课评估上。良好的评估有助于改善学生的热情。因此，在实施案例示教的过程中，只有科学有效的案例评估法，才能反映出真正的教学效果。因此，作为教师，要确立有助于实施事例指导的激励机制。同时，学校也需要综合改善现有事例教育评估管理系统。通过科学评估系统，学生可以在案例中发现不足，并保持其优势。需要注意的是，教师必须通过灵活的教学评估来合理评估学生。在科学评估中，学生会提高学习的信心，教师会更积极地利用案例教学法。由此可见，科学、有效的案例教学评估机制离不开激励手段，好的激励方式能改善案例教学的质量与效果。

第三节　问题式学习教学法在高职院校旅游管理专业教学中的应用

一、问题式学习教学法的相关理论

（一）问题式学习教学法

1.问题式学习教学法的概念

问题式学习教学法（Problem-Based Learning，PBL）是一套设计学习情境的完整方法。PBL是一种以学生为中心的学习方法，它涉及一组组学生努力解决一个现实世界的问题，这与教师向学生的课堂展示关于特定主题的事实和概念的直接教学方法截然不同。通过PBL，学生们不仅加强了他们的团队合作、沟通和研究技能，还提高了他们对终身学习至关重要的批判性思维和解决问题的能力。PBL的指导方法以学生为主体，以问题为中心，将教师作为辅助指导来理解。具体来说，在教师的综合把握和具体指导下，学生为了培养自己解决问题的能力和自主的学习能力，在集体中进行以自我为目的的学习。

2.PBL教学法与传统教学法的区别

在课程指导中，传统教学法是由教师主导的。在传统的教学过程中，教师通过通常的教学经验和直观的观察来教授知识。在实施PBL的过程中，教师角色从传统的模式到线性和顺序模式的改变。在这个模式中，教师出示相关资料，教授学生应该做什么，为学生提供详细的信息，以便将知识应用于给定的问题。

PBL教学法中，教师作为促进者角色，学习是由学生驱动的，以解决给予的问题为目的。另外，学业的长度也从相对短到一个学期不等。教师可以综合把握学生的学习情况，决定在学习过程中教授设定，积极推进对学习目标的理解和学习，使学生更容易掌握知识，一方面可以保证学生在教学课程中的跨学科知识和派生知识，另一方面也可以保证自己的主观性，因为 PBL 教学法支持学生完全以自我为主导的学习。另外，PBL 教学法还可以以声音、文字、照片、动画、视频、虚拟现实等各种形式展示教材，特别是随着科学技术的发展，更多的新兴媒体形式可以将学生的学习能力和积极的思考能力结合到 PBL 的指导方法中，以帮助学生更方便、更直观、更有效地掌握教学内容。PBL 教学法在教育过程中的科学合理的导入，可以提高学生的自主学习能力，改变学生的学习态度，提高学生的学习热情，综合提高学生分析问题和解决问题的能力，可以实现并促进教学成果方面的明显改善。

（二）PBL 教学法的师生角色定位及要求

1. 教师的角色定位和要求

教师为学生确定一个有趣、相关、新颖的问题，它还必须是多方面的，足以让学生参与研究并找到几种解决方案。这些问题源于单元课程，反映了在未来工作环境中的可能用途，具体作用如下：一是确定一个与课程和学生相符的问题。这个问题需要有足够的要求，以至于学生很可能无法自己解决。这促进他们学习新的技能。当与学生分享问题时，用直白的方式陈述，包括相关的背景信息，不要有过多的信息。让学生在做题时发现更多细节；二是将学生分组，充分混合多样性和技能水平，以加强小组成功解决问题。可以让学生在自我评估优势和劣势后，在小组中扮演各种角色；三是支持学生在更深层次上理解内容，并以最佳方式编排问题解决过程的各个阶段。

教师的作用和要求如下。

第一，在学生讨论之前，教师应起到指导、策划和组织者的作用。教师将面临在旅游管理教育过程中实施 PBL 教学法的重大挑战。一方面，教师需要深入研究和掌握旅游经营的专业知识；另一方面，应进行丰富的旅游管理实践和相关研究，并对 PBL 教学法的概念和运用能力有透彻的了解和熟练度，帮助学生正确掌握学习的目标和学习的能力，以便有效地确定学生的学习目标。教师必须改变思想，由传统教学模式的主导者转变为学生学习过程中的引导者与促进者。教师必须从内心接受并积极运用 PBL，主动地学习 PBL，努力提高自身素质，满足 PBL 教学模式的需要。

第二，学生在查阅教材时，教师起到指导的作用。在 PBL 教育模式下，教师的主要功能不再局限于课堂知识的说明和解释，但在科学、合理地设计问题上，可以让学生检查材料，找到答案，并找出最好的解决方法。教师肩负着指导者的责任，向学生们提供寻找问题材料的方法，帮助他们利用学习资源搜索相关信息。教师应作为学生学习的顾问，及时为学生提供咨询服务，督促学生在有问题和困难的时候做好准备工作，确保学生学习方向的准确性，为了解决问题需要掌握必要的知识点，并达到积极学习的目的。

第三，学生在讨论的时候，教师要起到鼓励和引导的作用。在学生讨论的过程中，应该从学生中选择主持人来主持，主要是支持围绕问题的讨论。在这个过程中，教师应该鼓励学生发现和探查知识，不要以专家的身份讲授各种知识。在讨论中学生遇到了困难或难题，讨论会陷入僵局，或者进展不顺利，教师要及时指导，向正确的方向改正，鼓励学生遵循学习过程。在学生分析问题过程中，教师以问题为导向，给学生以启发，促进小组讨论结果，帮助学生发散思维，横向联系过去及相关知识，使讨论达成预定目标。

第四，在总结阶段，教师起到总结和点评的作用。讨论后，教师必须对小组讨论和学生个人表现过程进行客观公正的评价，并就开放和真实原则提出具体建设性的意见和建议。

2. 学生的角色定位和要求

第一，学生的角色导向和意识变化。学生认识到 PBL 教学法模式下的卓越位置，积极地适应从传统的教授法向 PBL 教学法的转换，有意识地改变角色和参与的意识，将被动的学习变成主动的知识探索。

第二，学生扮演主角。在收集咨询资料中，学生担任主角，发挥自主性和独创性，自己查找资料，有效地进行相互讨论，获取、理解、掌握知识，在对材料进行分析、归纳、推理后找到解决问题的方法。

第三，学生在小组里一起工作。在讨论的过程中，学生应着重发挥自身学习的主体性，充分发挥学习小组的社会属性。同时，小组的学生接受特定的认知工作，在解决问题的过程中，相互信赖，加强沟通，维持稳定组织。

第四，学生评估教学效果。在总结性评价环节，学生扮演着评估者和自我反省评价的角色。不仅要评价整个过程，还要注重对自身在学习过程中的表现、参与的积极性、相关知识的掌握程度等方面的自我反思和评价，以达到教学效果。

二、PBL 教学法在高职院校旅游管理专业教学中的应用与实施

（一）基于 PBL 教学法的高职院校旅游管理专业的教学设计

1. 编写教学大纲

好的教学方法可以起到提升教学成果的作用，并且它给教学大纲的规范性和向导性作用是非常重要的。为了发挥 PBL 教学法的有效作用，教师需要在旅游管理专业教学大纲的编写过程中整合其必要条件，强调学生培养实践能力的目标，在 PBL 教学环境中科学合理地制定教学大纲。

第一，介绍旅游管理专业各学科的现状、功能及任务。根据 PBL 教学法的要求，对所开设的各门课程进行选课时要谨慎地选择，要与 PBL 教学法相结合，明确各门课程的定位角色及课程任务。

第二，关于教学内容。在旅游管理专业的教育内容设定中，以 PBL 教学法的需求为必要条件，通过个案分析的形式，使学生的学习内容具有针对性。要将 PBL 教学法应用于旅游管理专业学生的一般情况作为依据，合理确定学生的应知内容，避免繁复无用。

第三，在教学需求上。在应用 PBL 教学法时，要把实施 PBL 教学法作为切入点，要清楚地列出每一门课的基本要求，主要包括：教师、学生、专业课程目标，还包括知识点、能力培养等方面的要求，最重要的是设置，要满足应用 PBL 教学法的需要。

第四，课程时间的分配。旅游管理专业的课程时间是基于 PBL 教学法的本质、实践的方向、教授理论的支撑、学生的全面发展。单纯的理论教授很难形成强大的知识积累，旅游管理学是一门实用性很强的学科。课程设计需要更多的时间来安排教师和学生之间的相互作用。教师在教学过程中巧妙地利用 PBL 教学法，充分发挥指导、策划、组织者的作用，将理论知识巧妙地整合到 PBL 教学过程中。另外，对学生的学习时间进行调查，调查和解决问题的时间完全保证了班级的时间分配，保证了 PBL 教学法对旅游管理专业的教育有效果。

2.设计教学实施手册

在某种程度上，教学实施手册是大纲的精练。旅游管理专业的教学实施手册的制定以符合 PBL 教学法的要求为焦点，以教师和学生必须使用 PBL 教学法遵守的指导实施设计为中心。所有的旅游管理教学过程中，都要落实具体的可操作性规章制度，确保教育过程的认同性和检验性。应该把重点放在建立和改善教师和学生的交流机制上。虽然旅游管理的实用性很强，但是教师和学生有必要共享实践性问题，比如教学进度适应性和教学难度的适应程度等。实现这个目标的基础是在使用 PBL 教学法，即根据 PBL 教学法的要求制定的示教设施手册的指导过程中具有共同的方向指导实施手册。因此，可以说，按照实施手册进行教学，可以使教师和学生的交流模式有所改变，从而提高教学质量。

（二）基于 PBL 教学法的高职院校旅游管理专业教学的实施过程

1.形成学习小组

由于 PBL 教学法本身的教育形式，所以很难将大规模的学生直接作为目标。如果所有的学生都回答同样的问题，可能会有很多重复或者徒劳的反馈，导致了师生时间、精力的极大浪费。PBL教学法的执行应该严格遵循教学目的的要求，有一定的难度，有探索精神，能使学生摒弃个人主义，摒弃自成一体的思想，激发他们的学习积极性。在旅游管理专业教学中，根据PBL教学法的要求，把学生按旅游管理从业人员、服务对象、管理者等不同角色组织起来，每组不超过10人。每个小组可以根据设置的问题一起解决问题，或者学习小组可以在完成任务后，和其他学习小组共享和交换解决方案和技能。学习小组成员应根据旅游管理产业中各种岗位的模拟进行明确的分工。然后，努力确保所有学生都能实行PBL学习。

2.启动研究问题

PBL教学法的核心是设定问题并解决问题。因此，与旅游管理专业课程中设计的问题有关，通常与PBL教学法的实际教育效果有一定的关系。在旅游管理专业的课程中，不仅涉及旅游管理产业的知识点，还培养学生解决旅游实习中的问题的能力，激发学生对学习的热情。因此，设置问题必须包括以下条件。

第一，是否与相关领域的知识密切相关。在PBL教学法的应用中，应该基于解决问题过程中的旅游管理的规律知识而设置问题，并且需要与相关领域的水平连接。教师设定问题的出发点是，引导学生在满足课程要求时，用导向性的方法探索相关领域的知识并进行研究。特别是引导学生必须掌握基本知识、基本规则和旅游管理的主要知识点。

第二，问题是否全面。在旅游管理专业领域应用PBL教学法时，提问题需要具有特定的深度和宽度。为了让学生彻底深入了解旅游管理专业领域的规律和多个相关领域的知识，找出必要的解决办法，答案是有效的，必须沿着专业教育目标进行确认。教师需要从整体到了项目进行分析和总结，以便充分学习相关知识，设定必要的问题并解答。

第三，所设置的问题是否可执行。教师提出的问题应充分调动学生的探索热情，充分考虑学生知识的掌握情况，包括目前学习进度和旅游管理的发展趋势等旅游管理专业知识的掌握情况。为此，培养学生使用 PBL 的指导方法来学习最重要、最实用的知识。

3. 执行问题解决

团队成员通过翻阅教材、上网查询、访问调研、向旅游管理专业人员咨询等方式，获取有关知识和研究资料，并对发现的问题进行分析。团队成员间要加强沟通，相互间交换信息，应针对旅游管理专业与实际情况进行全面而深入的探讨。群组成员以自由讨论的方式，加强沟通交流，就设定问题展开研究。与此同时，在寻找解决问题的方法上，熟练地掌握旅游管理专业的相关知识和思维方法，为问题的解决打下良好的基础。教研组为教师布置的解题方案，将其整理成材料，提交给任课教师，或由教师组织在课堂上就问题进行公开答辩讨论。本书认为，PBL 教学法中的一个重要环节就是组织学生具体学习的过程。

4. 各小组展示成果

在各学习小组成员进行更详细的研究和分析后，教师根据研究结果或报告组织集体学习研究。各研究小组可以借助外部的优选工具来呈现各小组的研究和学习结果。例如，研究结果和结论可以以演示文稿、现场报告、视频图像、场景显示、建模图标分析等形式展示。教师及其他组员可对报告及其他形式所展示之内容进行询问及提问，并由负责的研究组作必要说明及回应，如有需要，可邀请旅游管理从业人员到现场进行模拟演练，这样的回答更具有实践性。

5. 对过程分析总结

在各个学习小组展示学习成果后，教师要根据 PBL 教学法的要求，以旅游管理专业从业者或者行业的实践标准，为学生们对问题研究情况进行指导、评价，努力使小组内的每个学生的努力都能得到正确的评判。教师要引导旅游管理专业的学生建立以旅游管理专业实践为出发点的思维模式，在理论与实践的结合中形成全面系统的知识架构。各学习小组成员也要在教师指引下，认真回顾解决问题的过程，全面梳理归纳自己在研究问题解决办法过程中所获得的相关知识，讨论、修改、完善关于设置问题的解决方案或报告，致力于推动旅游管理行业理论和实践的创新。到此，就是一个旅游管理专业运用 PBL 教学法的完整过程。

（三）基于 PBL 教学法的高职院校旅游管理专业教学中的主要问题

目前，在旅游管理专业教学中引入 PBL 教学法，还有许多地方有待完善，或长期处于摸索、积累成熟经验的过程中，但从已实施 PBL 教学法的学校来看，已表现出较强的实践性与有效性，尤其在培养学生独立学习能力、解决问题能力等方面发挥着更为突出的作用。在高职旅游院校教学中运用 PBL 教学法，教师、学生均表现出极大的热情。学生的学习态度比较好，积极学习习惯逐渐形成，多思多学的意识逐步提高，学生普遍取得了比较明显的进步。但在引进 PBL 教学法时，我们要不断地解决 PBL 教学目标要求的不匹配问题，注意在教学过程中随时观察、调节、改进、提高。

1. 学生存在的问题

在我国的初等、中等教育中，经常采用传统的教学法。在初、中级教育阶段，教师在学生学习过程中担任主角，教师始终处于学习的主要位置。进入大学阶段后，初、中级的限制生活开始变成大学的"羊群"学习模式。大学教师不再像中学教师那样起着重要的教学主导作用。教学模式的变化需要学生提高自己的自主学习能力。面对这样巨大的变化不难想象，很多学生表现出明显的不适应，特别是对于一些基础较弱的学生。另外，在 PBL 教学法的实施中，学生的研究、调查、解决问题、交流、讨论、报告、显示等连接和过程也需要很多时间。

2. 教师存在的问题

在教育过程中，很多高等院校的教师都没有从传统的教学方法中作出改变。作为科学高度的教育概念，PBL 教学法还没有扎根。很多学校实际上没有发现 PBL 教学法的优点和实际价值，很多人也保持着怀疑的态度。PBL 教学法在一所学校要满足许多条件，如学校的实验设备、教学场地等固定设施要尽可能齐全，图书资源、有关教学辅助用具等要有足够的配备。显然，平时使用的学科教材不能适应 PBL 教学法的实施要求，教师平时所支付的工作量、个人素质水平等都无法适应 PBL 教学法的需要。教师在实施 PBL 教学法过程中，虽然都能立足传道授业解惑的师道规范，但存在说得多干得少，甚至不干的问题，这些都可能成为影响教学成果的障碍。

3. 教学环境存在的问题

教学环境在教育过程中起着重要的作用，对学生的学习过程也有影响。因此，要尽可能地避免教学环境对教学活动的效果起决定作用。随机学习是一种教学方法，在很大程度上可以帮助学生提高学习的效率。它可以降低非标准教学带来的风险，但同时也会对学生形成不利影响。为了应对这些挑战，教育组织必须合理、有效地使用随机学习知识，最大限度地改善现有环境。我们必须推进建设高品质的教育环境，但我们不需要单独追求大规模的教育环境发展。根据教学目标，教学环境应包含如下内容。

第一，大环境。我们不应该脱离社会。我们应该考虑国家的政治方向、社会发展的必要性和其他因素，甚至这些外部因素都是教育倾向的重要因素。

第二，学校的人才培养目标。目标就是号召，人才培养目标是学校做好各项教学工作的出发点，是否坚持按照培养目标来，从侧面可以反映出该校的教学能力是否达标。

第三，校舍现状。要提高教学质量，就必须不断地优化学校教学环境，没有固有的尺度来衡量它，对其进行规范、尊重实际、尊重现状，在充分考虑历史沿革的基础上，在当前条件下，探讨更加深入的联系，把有关问题归纳起来。乡村学校也可以坚持自身的特色，不必盲目地研究城市和发达地区学校的办学经验。

三、高职院校高等旅游管理专业教学推行 PBL 教学法的建议

（一）转变教师理念，做好 PBL 教学法下的本职工作

在实施 PBL 教学法的整个过程中，学生需要在教师的指导下，对问题所涉

及的综合知识进行综合性、推进性的学习训练，抽象的掌握，学生需要考虑问题的特点。此连接中的每个主题要有针对性的教学方法。这就要求教师在旅游管理课堂教学中以培养具有综合能力和专业能力的学生为总体目标，主动从概念中认识和应用 PBL 教学法。在教学方法上，尤其是要把握旅游管理专业领域的新发展和新实践案例，把握 PBL 教学法的精髓并用好它。教师要端正自己的观点，做好 PBL 教学法实施过程中的引导和策划工作，积极参与教学过程中的各个环节，充分发挥自身的作用，推动 PBL 教学法在教学中的应用。在实施 PBL 教学法时，教师必须立足创新的角度，积极利用新的教学模式、教学内容，主动接收外界的教学理念。这样，教师才能不断地完善自己的教学体系，从而取得更好的教学成果。教师的教学自学能力必须以旅游管理专业技术的专业实践活动为基础，完成对核心概念的理解，提高个性化教育，教学水平才能提高到一个新的相对高度。在这个环节，需要对旅游管理专业技术和相关专业知识课程的常识有横向的理解和掌握，注重培养学生学会思考。但是，为了促进知识在学习过程中的积累，逐步建立自己的知识结构和系统，特别是在旅游管理专业领域。这需要教师根据自己的专业性来理解相关主要领域的基础知识。为了给学生充分发挥学习的优越地位，教师不应被视为知识的源泉，而要作为旅游管理行业的实业家给学生的学习提供后盾。目标是促进学生按照旅游业在新时代的发展需求，成为优秀的旅游管理人才。

（二）根据专业特点，加强 PBL 教学法的针对性

高职院校旅游服务技术专业培养计划十分完善，以培养高素质的实践型人才为目标，实践活动不断完善。因此，为了促进学生融入市场，学校应将 PBL 教学法贯穿整个教学过程，以塑造综合素质高、专业水平过硬、适应能力强的优秀人才为目标，不断提升课堂教学的质量。根据旅游管理专业的专业课程设置和特点，在应用 PBL 教学法的过程中，可以考虑"引进来""走出去"方法。"引进来"是邀请旅游管理领域的领导者、优秀的旅游从业人员、优秀的旅游服务专业的大学毕业生等到学校提供专题讲座、社区论坛等，解读工作经验，传播专业知识；"走出去"就是走向社会，把握旅游管理专业领域及相关领域的发展现状。学校能够组织教师带领旅游管理专业学生参观知名职业技术学校或品牌旅游公司，参观考察学校自然环境和旅游公司经营情况，将优秀的管理经验带回到课堂教学。

在 PBL 教学法的视野下，旅游管理专业的学生可以选择校企合作"联合培养"的方式。高职院校充分利用区位优势和办学特色，兼顾公司、学校、学生之间有机化的本质联系，打造旅游服务技术人才协同培养模式，使公司能够成为学生实践活动的产业基地，成为高职院校开展学习、培训、调查分析的有效途径。学校必须根据需要，培养适应行业发展需要的技术人才。学校需要全方位提升教学水平，提升学生综合业务能力，让高职院校形成和完善企业与学生就业之间的相互促进体系。推进校企联合培养，对学校和企业都有好处。旅游公司可以为旅游高职院校提供最新的行业动态，旅游高职院校可以按照旅游公司的需求，遵循 PBL 教学法的一般规定，随时随地丰富课程内容，改进教学方法。特别是新教学课件的制作，要更加实用、灵活，求实立足于培养旅游管理专业的高素质专业人才。学生可以在校园和旅游公司联合培训中获得实践锻炼的机会，在走向社会之前积累一定的旅游管理工作经验和专业技能。旅游公司可以利用旅游高职院校的教育资源和条件，对原有的旅游人才队伍进行习惯性的技术培训，提高现有从业人员的专业素质和水平。这样可极大地节省企业提高员工技能成本，达到双赢。从 PBL 教学法来看，学校与企业的联合培养在学术研究上更具科研价值和现实意义。在联合训练中，疑难问题不仅会被制定出来，而且可以直接客观存在，并能很快在实践中得到验证。这对于加强课堂教学是非常合理的。在这种情况下，高职院校和学生不再需要考虑就业问题，因此在校园学习和培训的过程中，学生可以将所有的精力投入到相关专业知识的掌握和工作的改进中。对于高职院校来说，"订单式"的人才培养方式可以改变以往单一的人才培养方式，但必须立足于公司的发展趋势，用人必须以实际技能为导向，实施有针对性的培养方案。降低培训成本，保证学生就业，增强学生与专业间的竞争能力。

（三）加强教学环境建设，促进 PBL 教学法有效实施

PBL 教学法的有效实施必须有学校提供强大的教育环境。具体地说，高等专科学校首先要有适当的定位，掌握时代发展的脉搏，合理决定旅游经营的指导目标，坚决不把学生毕业作为负担的救济。因为学校教育结束后学生必须要进入社会，所以教育环境不能仅仅看作校园，必须考虑到社会环境的广泛。根据学校的实际情况改变学校的环境，努力改善，形成健康向上的学习氛围。增加对硬件的投资，改善必要的会场建设，特别是丰富图书馆的收集，积极适应学生 PBL 教学法的应用需求，深入研究学生的思想发展特征。同时，高职院校也可以邀请年轻教育专家和心理学专家参加课程的制定和设计，深入了解情感沙盘、问卷调查等特点，掌握年轻学生的心理和精神发展特点。这样的做法不仅可以及时修正教育过程中发现的问题，也可以推进 PBL 教学法的有效实施。

（四）改革教学评价模式，推动 PBL 教学法深入开展

课程的教育目标和内容的设定大大决定了教学计划的良好实施。在旅游教育专业的课程中，为了活用 PBL 教学法，有必要从 PBL 教学法的本质特征来改革授课评价模式。作为综合指导目标，引入学生的实际知识和技能，关注学生在日常指导过程中的评价，考察指导准备，指导过程实施，教师和学生参加的重要因素，提高学生的知识获得能力。另外，还需要追踪应用 PBL 教学法的学生的毕业情况，进行处理。另外，不仅要从试验结果和雇用数上，还要避免质量高的单纯粗野的测量。为了取得旅游管理专业教育的实践性成果，积极推进 PBL 教学法，为培养高品质旅游经营人才进行积极的改革和实践。

另外，关于旅游教育专业领域 PBL 教学法的应用，需要经常进行实践性的授课，在学校、教师、学生之间发现共鸣，教师积极参加实际的指导过程。并不断探索和实践 PBL 教学法的本质，积极吸收国内外学校各种专业 PBL 教学法的有益经验，不断改进旅游管理专业教育 PBL 教学法的实践应用，提高指导质量。培养适合新时期社会需求的高品质旅游经营人才，努力促进中国的旅游经济发展。

参考文献

[1] 吕雯 . 高职旅游管理专业实践教学体系构建 [J]. 湖北开放职业学院学报，2021，34(13)：134-135.

[2] 武瑾 . 高职旅游管理专业实践教学体系的构建策略 [J]. 齐齐哈尔师范高等专科学校学报，2021(1)：122-124.

[3] 郭瑞娟 . 高职旅游管理专业实践教学体系构建 [J]. 江西电力职业技术学院学报，2020，33(12)：20-21.

[4] 王保松 . 高职院校旅游管理专业岗位技能类课程教学体系改革研究与实践 [J]. 作家天地，2019(22)：90+144.

[5] 贾慧 . 地方文化旅游资源开发对高职旅游专业实践教学改革研究 [J]. 佳木斯职业学院学报，2019(9)：235-236.

[6] 王颇 . 高职旅游管理专业服务区域经济发展研究与实践 [J]. 现代营销（信息版），2019(7)：87.

[7] 贾慧 . 基于文旅产业融合的高职旅游专业实践教学改革研究 [J]. 课程教育研究，2019(23)：1-2.

[8] 钟真 . 基于职业岗位需求的高职旅游管理专业实践教学改革研究 [J]. 中外企业家，2016(22)：202-203.

[9] 吕丽荣 .PLC 课程改革的研究及课程标准的制定思路 [J]. 内蒙古教育（职教版），2016(4)：65.

[10] 陈姗姗 . 高职旅游管理专业教学改革研究 [J]. 才智，2015(4)：208.

[11] 朱月双 . 高职旅游管理专业课程教学改革的创新研究 [J]. 吉林教育，

2014(20)：100+102.

[12] 周丽芝，田园，李翠香 . 高职旅游管理专业实践教学改革研究 [J]. 林区教学，2013(3)：6-8.

[13] 索生安 . 高职旅游管理专业实践教学改革研究 [J]. 现代商贸工业，2012，24(14)：122-123.

[14] 王喜华 . 高职旅游管理专业一体化实践教学模式研究与实践 [J]. 教育与职业，2012(6)：154-156.

[15] 姜华，黄海燕 . 高职院校旅游管理专业实践教学改革的研究与实践——以山东文化产业职业学院旅游管理专业为例 [J]. 科技信息，2011(36)：544.

[16] 吴华群 . 基于"工学结合"的课程改革创新研究 [J]. 当代职业教育，2011(7)：8-11.

[17] 张丽 .《导游业务与技巧》课程"螺旋上升式"教学模式改革研究与实践——以鞍山师范学院高职院旅游管理专业为个案 [J]. 南昌教育学院学报，2011，26(4)：88.

[18] 陈玮 . 项目化教学的研究与实践——高职院校俄语专业旅游俄语课程改革 [J]. 牡丹江大学学报，2010，19(11)：134-136.

[19] 陶红 . 高职旅游管理专业的实践教学改革与研究 [J]. 淮南职业技术学院学报，2010，10(2)：78-81.

[20] 余磊 . 高等职业院校实践性教学问题表现及对策思考——以旅游专业为例 [J]. 考试周刊，2009(3)：58-59.

[21] 杜国海 . 国外三种高职人才培养模式的比较 [J]. 职业时空，2008(06)：107.

[22] 崔丰，张丽霞，贺昌文 . 高职旅游管理专业教学内容与教学方法改革的研究与实践 [J]. 科教文汇（下旬刊），2008(3)：36.

[23] 雷培宁 . 高职教育旅游管理专业实践教学研究 [J]. 青海交通科技，

2008(1)：70-72.

[24] 乐群.教学改革试点方案思考与实践——旅游与酒店管理专业个案研究

[J].湖北函授大学学报，2005(4)：46-50.

[25] 缪宁陵，宋建军.国外高职人才培养模式的比较[J].职教论坛，

2004(36)：64-66.

[26] 侯小惠.互联网背景下高职旅游英语多模态教学模式——以饭店情境英

语为例[J].科学咨询(科技·管理)，2021(9)：275-276.

[27] 吴寒，彭婷.高职旅游管理专业群职业教育教师创新教学团队建设研究

[J].成才之路，2021(30)：113-115.